Empático:

Una Guía Práctica para Entender la Naturaleza de la Empatía y el Narcisismo. Desarrolla Poderes Sobrenaturales de Intuición. Estrategias de Vida para Personas Sensibles.

Table of Contents

Table of Contents 2
Introducción 8
Capítulo Uno: ¿Qué es un Empático? 11
   Teorías Científicas 12
   Características de un Empático 16
   La Creación de un Empático 18
Capítulo Dos: Comprendiendo a un Empático 20
   Empatía vs. Empáticos 20
   Midiendo la Sensibilidad de los Empáticos 21
   Tipos de Empáticos 25
   Cómo los empáticos interactúan con los demás 27
   Ventajas de ser un Empático 28
   Desventajas de ser un Empático 28
Capítulo Tres: Relaciones Saludables 31
   Desafíos Que Enfrentan los Empáticos en Relaciones Íntimas 31
   Por qué los empáticos hacen los mejores compañeros. 34
   Razones para estar en una relación con un empático 35
   Tratando con Familia y Amigos 37
   Empáticos y Narcisistas 38
   Consejos de relaciones para empáticos. 40
Capítulo Cuatro: Padre como Empático .. 42

- Parenting 42
- Crianza de niños empáticos 46
- ¿Cómo saber si tu hijo es un empático? 49

Capítulo Cinco: Cómo Prosperar como un Empático 51
- Un Entorno Laboral Cambiante 52
- Comprendiendo la Energía 55
- Creando límites 57
- Eligiendo Carreras 59
- Los mejores trabajos para empáticos. 60
- Cuidado de la salud 61
- Los peores trabajos para los empáticos. 63

Capítulo Seis: Adicción 65
- Medicación y empáticos 68

Capítulo Siete: Protégete como Empático 70
- Campos de energía 71
- Cuidando de ti mismo 71
- Vida saludable 72
- Ejercicio 73
- Meditación 74
- Buen juicio 74
- Escuchando tus instintos 75
- Guía Espiritual 76
- Respirando 76
- Un tiempo fuera 77

- Algunos consejos sobre cómo mantenerse centrado. ... 77
- Consejos para renunciar a la energía tóxica ... 80
- Capítulo Ocho: Meditación ... 84
  - Beneficios médicos ... 85
  - Los Fundamentos ... 86
  - Liberación Efectiva ... 87
  - Tipos de Meditación ... 88
    - Meditación Mettā ... 88
  - Escaner corporal o relajación progresiva ... 89
    - Meditación de atención plena ... 90
  - Meditación de Conciencia Respiratoria ... 90
    - Yoga Kundalini ... 91
    - Meditación Zen ... 91
    - Meditación Trascendental ... 92
  - Consejos para una meditación exitosa: ... 93
  - Atención plena ... 95
    - Yoga ... 95
    - Respirando desde el abdomen ... 95
    - Respirando por las fosas nasales ... 96
- Capítulo Nueve: Ayuda al Mundo ... 98
  - Empatías en la política ... 98
  - Actores empáticos ... 100
  - Empatía a través de los autores ... 101
  - Activistas sociales ... 102

Conclusion 103

© Derechos de autor 2024 Robert Clear - Todos los derechos reservados.

El siguiente libro electrónico se reproduce a continuación con el objetivo de proporcionar información lo más precisa y fiable posible. Sin embargo, la compra de este libro electrónico se puede considerar como consentimiento al hecho de que tanto el editor como el autor de este libro no son de ninguna manera expertos en los temas tratados en él y que cualquier recomendación o sugerencia que se haga aquí es solo con fines de entretenimiento. Se recomienda consultar a profesionales según sea necesario antes de emprender cualquier acción respaldada aquí.

Esta declaración es considerada justa y válida tanto por la Asociación Estadounidense de Abogados como por el Comité de la Asociación de Editores y es legalmente vinculante en todos los Estados Unidos.

Además, la transmisión, duplicación o reproducción de cualquiera de las siguientes obras, incluida información específica, se considerará un acto ilegal, independientemente de si se realiza electrónicamente o en formato impreso. Esto se extiende a la creación de una segunda o tercera copia de la obra o una copia grabada y solo está permitido con el consentimiento expreso por escrito del Editor. Todos los derechos adicionales reservados.

La información en las siguientes páginas se considera ampliamente como un relato veraz y preciso de los hechos y, como tal, cualquier falta de atención, uso o mal uso de la información en cuestión por parte del lector hará que cualquier acción resultante recaiga únicamente bajo su responsabilidad. No hay escenarios en los que el editor o el autor original de esta obra puedan ser considerados de ninguna manera responsables de cualquier dificultad o daño que pueda sobrevenirles después de emprender la información descrita aquí.

Además, la información en las siguientes páginas está destinada solo con fines informativos y, por lo tanto, debe considerarse como universal. Como corresponde a su naturaleza, se presenta sin garantía en cuanto a su validez prolongada o calidad provisional. Las marcas comerciales que se mencionan se hacen sin consentimiento por escrito y de ninguna manera se pueden considerar un respaldo por parte del titular de la marca comercial.

Introducción

En un mundo de alto estímulo, muchas personas luchan con la avalancha de entradas en diversas formas. Nuestros sentidos son bombardeados, y si no se establecen límites, este bombardeo y la sobrecarga sensorial pueden ser continuos. La investigación ha demostrado que nuestros sistemas nerviosos autónomos se vuelven extra sensibles debido a esta sobrecarga. Esto conduce a todo tipo de dolencias como desequilibrios hormonales y sistemas inmunológicos comprometidos. Los empáticos tienen que lidiar con esto de una manera exponencialmente mayor. Están cableados para sentir las cosas mucho más profundamente y apasionadamente. Los empáticos no solo sienten todas esas emociones, sino que absorben y adoptan las energías de las personas con las que están rodeados. Cuantas más personas, más caos, más absorben el conflicto y la negatividad.

Los empáticos confían en sus sentimientos e intuición como filtro a través del cual interactúan con el mundo. Son generosos, compasivos, excelentes amigos, pero una de las cualidades más atractivas de los empáticos es su capacidad para comprenderte por completo y escucharte de verdad. Esto puede dejar a los empáticos abiertos y vulnerables al abuso por parte de otros, al agotamiento emocional y a la necesidad de aislamiento. A menudo esto los deja incomprendidos por otros, relegándolos a un mundo de reclusión o adicción.

Este libro explora lo que significa ser un empático. Examina las ideas en torno a qué, y más importante aún, por qué experimentan lo que experimentan. Los empáticos y las personas que los rodean pueden comprender mejor sus comportamientos y respuestas en situaciones y pueden estar mejor preparados para ayudarlos si es necesario o ser una estructura de apoyo para ellos. Muchos empáticos pueden caer en depresiones, ansiedad social, ataques de pánico o una variedad de adicciones si no entienden lo que les está sucediendo y cómo protegerse. Este libro te enseñará que los empáticos no necesitan sentirse abrumados todo el tiempo. A través del reconocimiento, la comprensión y la aceptación, uno puede navegar con éxito en el mundo. También pretende inspirar a los empáticos a abrazar su propósito en la vida al observar cómo algunos empáticos famosos cambiaron el mundo. Este libro proporciona técnicas y herramientas para vivir una vida más plena y feliz como empático.

Este libro es para validar y afirmar a los empáticos que pueden sentirse confundidos y abrumados. Ya sea que tú seas un empático o conozcas a alguien que lo sea, esto te ayudará a tener un mejor entendimiento y apreciación de lo que significa ser un empático en el mundo moderno. Esto es sumamente importante ya que puede cambiar nuestro mundo.

Capítulo Uno: ¿Qué es un Empático?

¿Quién es un empático? ¿Has encontrado que te vuelves extremadamente emocional alrededor del dolor, la crueldad y la pérdida, al punto de que no quieres ver ciertas películas, las noticias, o te encuentras alejándote de las redes sociales? ¿Encuentras que esta emoción puede quedarse contigo por días y que puede ser difícil de sacudir? Quizás siempre te dijeron que eras demasiado sensible cuando eras niño. A veces te sientes incomprendido por las personas, pensando que estás evitando temas relevantes y actuales, y que más bien deberías ser proactivo en tratar de resolverlos. Las personas no entienden que la emoción que sientes puede ser paralizante. Si algo de esto te resulta familiar, es posible que seas un empático.

Vivir en un mundo lleno de injusticia, dolor y sufrimiento puede ser muy desafiante para un empático. Como probablemente has adivinado, la palabra empático viene de 'empatía'. El diccionario define la empatía como la habilidad de relacionarse, entender y compartir los sentimientos de otra persona.

Los empáticos hacen esto, pero a un nivel exponencialmente más profundo. Por lo tanto, los empáticos absorben las energías del mundo, ya sean negativas asociadas con el estrés y el dolor, o positivas asociadas con la alegría y el amor. Experimentar estas emociones a un nivel tan extremo puede hacer que uno se sienta un poco perdido y incomprendido por los demás. Puedes sentir que simplemente no encajas. Sin embargo, ser un empático puede ser una de las habilidades más grandes que puedes tener si aprendes a vivir con ello.

Los empáticos son personas que son extremadamente susceptibles a las emociones de los demás. Esta habilidad de relacionarse tan personalmente con los demás hace que los empáticos sean unos de los mejores cuidadores, oyentes y dadores que encontrarás. La compasión de los empáticos por las personas puede dejarlos sintiéndose exhaustos, pero la buena noticia es que pueden desarrollar estrategias para crear límites y proteger sus sentimientos.

Teorías Científicas

Para aquellos escépticos que piensan que los empáticos pertenecen a la categoría de hadas y cuentos populares, hay cinco argumentos científicos interesantes a favor de los empáticos y la empatía.

Campos Electromagnéticos

El corazón y el cerebro crean ambos campos electromagnéticos que transmiten información sobre los sentimientos y pensamientos de las personas. Los empáticos son increíblemente sensibles a estos campos. Estos campos pueden ser documentados y proporcionar evidencia científica de lo que los empáticos experimentan.

Sistema de Neuronas Espejo

Se ha descubierto que hay células en el cerebro que reflejan las emociones de las personas. Cuando tu hijo se lastima en la escuela, tú también sientes dolor. Cuando tu pareja obtiene un ascenso, también sientes su alegría. Se piensa que los empáticos tienen neuronas espejo hiper-sensibles en comparación con otras personas y por lo tanto pueden relacionarse y sentir compasión profunda por otros, incluso extraños.

Por el contrario, los trastornos de deficiencia de empatía como los sociópatas, psicópatas, narcisistas e incluso personas con autismo tienen neuronas espejo desensibilizadas y no sienten empatía hacia los demás. Se han realizado experimentos y medido a través de imágenes de resonancia magnética funcional (fMRI), que son básicamente exploraciones de la actividad cerebral. Estas exploraciones muestran qué tan cerca están las exploraciones de empatas y candidatos entre sí.

Contagio emocional

¿Alguna vez te has preguntado por qué cuando un bebé empieza a llorar, hace que otros bebés a su alrededor lloren también? ¿O cuando bostezas haces que la gente a tu alrededor también bostece? Es más común de lo que piensas que las personas adopten las emociones de otras personas. Este fenómeno se llama contagio emocional. Incluso la investigación ha mostrado que esta habilidad para sincronizar sentimientos es importante para las relaciones. Los empáticos experimentan esto a un nivel más profundo que la mayoría de las personas.

Sinestesia

La sinestesia es cuando una persona experimenta más de un sentido simultáneamente. Por ejemplo, una persona podría ver colores cuando escucha música. Isaac Newton es un sinestésico conocido. La "sinestesia del tacto en espejo" es una condición neurológica donde algunos individuos raros pueden experimentar sensaciones o emociones similares a las de otros como si fueran propias. Por ejemplo, estas personas podrían sentir un dolor abdominal que observan en otra persona. Muchos empáticos se identificarán con la condición de "sinestesia del tacto en espejo".

Dopamina

La dopamina es un neurotransmisor que está

vinculado con la respuesta al placer. Hay muchos estudios que han demostrado que la dopamina afecta las percepciones empáticas y las respuestas en las personas. Las personas con una alta sensibilidad a la dopamina necesitan menos dopamina para experimentar alegría. Pueden disfrutar de actividades simples como leer y caminar en la naturaleza en lugar de la alta estimulación de las fiestas, etc. Las personas con una baja sensibilidad a la dopamina necesitan hacer mucho más para experimentar alegría. Por lo tanto, es comprensible por qué los empáticos sentirán fácilmente la alegría de los demás.

Empáticos y Personas Altamente Sensibles

Los empáticos a menudo son confundidos con personas altamente sensibles. Las personas altamente sensibles no necesitan mucha estimulación. Pueden experimentar sensibilidad a los sentidos o evitar a las personas y las multitudes. Tienen cosas en común con los empáticos como el tiempo a solas, ayudar a los demás y una pasión por la naturaleza. Pero los empáticos llevan esas experiencias a un nivel más alto. Pueden percibir y absorber la energía de los demás, a veces hasta el punto de no poder distinguirla de sus propias emociones. Las personas altamente sensibles y los empáticos no son mutuamente excluyentes; hay muchas personas que son ambos.

Características de un Empático

Si has podido identificarte con muchas de las características ya discutidas, es posible que seas un empático o conozcas a alguien que lo sea. Aquí hay algunas características adicionales que pueden ayudarte a reconocer los rasgos.

Los empáticos son excelentes oyentes.

Porque pueden identificarse con lo que estás diciendo. Hacen amigos increíbles porque pueden relacionarse con lo que estás sintiendo y harán todo lo posible para ayudar.

Son personas que nutren y cuidan.

Ya sea bueno o malo, negativo o positivo, los empáticos absorberán estas energías. Si asumen más energías negativas, se sentirán agotados; si están rodeados de energías positivas, prosperarán.

Los empáticos no se desenvuelven bien en las multitudes.

Prefieren estar solos o en grupos sociales más pequeños. Esta es una consecuencia natural de absorber las energías que los rodean. En multitudes, esta absorción de energía se incrementa diez veces. La evitación de multitudes y grandes grupos de personas hace que los empáticos sean personas introvertidas.

Empáticas usan su intuición

Utilizan la intuición para relacionarse con el mundo, y por lo tanto, tienen un sentido de la intuición altamente desarrollado. Necesitan tomarse el tiempo para detenerse y reconocer lo que están sintiendo antes de que tenga implicaciones negativas para ellos.

El tiempo a solas es súper importante para los empáticos.

Es el momento que utilizan para recargar energías. Esta necesidad de estar a solas a menudo hace que los empáticos eviten las relaciones íntimas. Puede existir un temor subyacente de que absorban demasiado de la otra persona y se pierdan a sí mismos. Hay algunas personas que drenan tu energía o tranquilidad mental. Un empático es particularmente vulnerable a estos vampiros energéticos, ya que se alimentan de la sensibilidad emocional de los empáticos y eventualmente pueden afectarlos negativamente.

Todo lo natural repone, revive y restaura a un empático.

Se refugian en la naturaleza y buscan tiempo en la naturaleza salvaje. Los empáticos tienen sentidos altamente sensibilizados y no pueden lidiar con ruidos, conversaciones y olores excesivos. Aman ayudar a la gente, pero esto los lleva a absorber esas energías en su propio detrimento.

Recuerda, ser capaz de reconocer si eres o alguna persona que conoces es un empático, es el primer paso. Estos pasos y pautas establecidos pueden ser seguidos para protegerte y crear equilibrio.

La Creación de un Empático

Entonces, ¿qué hace que las personas se conviertan en empáticos? ¿Es naturaleza? ¿O crianza? Hay varias razones por las que las personas desarrollan o intensifican sus sensibilidades.

Naturaleza

Muchas madres notarán que sus recién nacidos son más sensibles al tacto, olor, movimiento, sonido, luz y temperatura cuando nacen. Esto sugeriría una inclinación innata hacia ser un empático. A veces los empáticos transmiten genéticamente estas características a su descendencia.

Nurture

El trauma sufrido en la infancia puede llevar a niveles de sensibilidad aumentados en la edad adulta. Estos niños pueden sentir un mayor sentido de no ser valorados o escuchados a medida que el trauma desgasta sus defensas. Pueden sentirse cada vez más indefensos al adoptar emociones negativas de quienes los rodean. Por el contrario, un entorno de apoyo puede ayudar a que un niño empático prospere y se convierta en un adulto sano y poderoso.

Cualquiera que sea la causa, los síntomas son los mismos: multitudes, luces brillantes, ruido, una persona enojada, todo ello puede llevar a una sobrecarga sensorial para un empático. El punto importante a recordar es que hay un camino a seguir, y abordamos todas las cosas que puedes hacer como empático, sin importar tu origen, para comprender, sanar y protegerte.

Los empáticos, a diferencia de otras personas, necesitan aprender a defenderse contra el estrés, son diferentes. Un estímulo nocivo, como una persona enojada, multitudes, ruido o luces brillantes, puede agitarnos ya que nuestro umbral para la sobrecarga sensorial es extremadamente bajo.

Capítulo Dos: Comprendiendo a un Empático

En un mundo que a menudo puede parecer que se ha vuelto loco, donde hemos alcanzado niveles de crueldad inmensos en nombre de la religión y la justicia; donde ha habido demasiados genocidios para mencionar, y con la esclavitud en todas sus formas aún existente, la empatía es una cualidad que falta seriamente. Es la cualidad humana que puede resolver las crueldades del mundo. Nos permite tener compasión y respeto mutuo. Abre nuestros corazones a los demás y fomenta la aceptación y comprensión de los demás. Es nuestro camino hacia la paz, y por lo tanto se vuelve vitalmente importante que lo reconozcamos, lo valoremos y aprendamos a utilizar mejor este regalo. Para hacer esto, necesitamos tener una comprensión más profunda de lo que significa ser un empático.

Empatía vs. Empáticos

El primer paso para hacer eso es distinguir la empatía de los empáticos. Como se mencionó anteriormente la empatía es la capacidad de relacionarse, entender y compartir los sentimientos de otra persona. Básicamente, puedes empatizar con alguien que está pasando por un mal momento, o puedes estar genuinamente feliz por alguien que acaba de lograr algo. Los empáticos pueden sentir estas emociones de forma más pura y genuina. Les afecta a un nivel mucho más profundo y real. No hay filtro, ya sea alegría o tristeza. Los empáticos sienten antes de pensar, lo cual es diferente a cómo el resto de la sociedad opera. Puede ser un poco difícil de procesar porque somos una sociedad que promueve la intelectualidad y la racionalización. Debido a que el pensamiento no ocurre primero, no hay barrera ni defensa para los empáticos, sienten todo. Esto puede llegar al extremo, donde los empáticos no pueden distinguir las emociones de otra persona de las suyas propias.

Midiendo la Sensibilidad de los Empáticos

Comprender dónde encajas en el espectro de empatía es importante; porque afecta la forma en que ves e interactúas con el mundo. Existe una lista exhaustiva de pruebas que los empáticos pueden tomar para medir su sensibilidad. Estas son intensamente interesantes de ojear y son bastante variadas.

Varían desde cuestionarios, índices de reactividad, escalas de empatía, pruebas de escucha, pruebas de lectura de emociones y pruebas de bostezo, a veces llamadas la prueba de bostezo contagioso. El razonamiento detrás de la prueba del bostezo es que la primera persona en imitar el bostezo es la más empática del grupo.

Estas pruebas suelen ser realizadas por personal capacitado y pueden tomar la forma de evaluaciones en línea, escritas, de observación y de pares. También hay una amplia gama de autoevaluaciones que se pueden realizar para obtener un poco más de claridad sobre en qué parte del espectro se encuentran. Los teóricos detrás de estas pruebas datan de 1934 e incluyen a personas como Piaget. Los investigadores analizan quién está calificado para administrar las diversas pruebas y cómo eso afectaría los resultados. Deben considerar cómo se puede medir la empatía y, en tal caso, qué unidad de medida se debería usar.

Es interesante tener en cuenta que hay muchas pruebas que están específicamente diseñadas para que los médicos las realicen para medir su empatía. Es una habilidad que se necesita para simpatizar con personas enfermas. La 'Escala de Empatía de Carkhuff y Truax' fue diseñada por Dustin K. MacDonald y se cita a continuación:

Nivel 1: Bajo Nivel de Respuesta Empática

Comunicando poco o ningún conocimiento o

comprensión de los sentimientos del interlocutor.

Las respuestas son irrelevantes o abrasivas.

Cambiando de tema, dando consejos, etc.

Nivel 2: Nivel Moderadamente Bajo de Respuesta Empática

Responder al mensaje superficial del interlocutor pero omitiendo los sentimientos o aspectos factuales del mensaje.

Calificando inapropiadamente los sentimientos (por ejemplo, "algo," "un poco," "más o menos")

Interpretando los sentimientos de forma inexacta (por ejemplo, "enojado", "herido", "tenso" o "asustado").

Las respuestas del Nivel 2 son solo parcialmente precisas, pero muestran un esfuerzo por entender.

Nivel 3: Nivel de Respuesta Empática Intercambiable o Recíproca

Las respuestas verbales y no verbales en el nivel 3 muestran comprensión y son esencialmente intercambiables con las expresiones obvias del cliente, reflejando con precisión la historia del cliente y sus sentimientos superficiales o estado de ánimo.

Nivel 4: Nivel Moderadamente Alto de Respuesta Empática

Algo aditivo, identificando con precisión los sentimientos implícitos del cliente y/o aspectos subyacentes del problema.

La respuesta del voluntario ilumina facetas sutiles o veladas del mensaje del cliente, permitiendo que el cliente se conecte con sentimientos algo más profundos y significados y propósitos de comportamiento no explorados.

Las respuestas de nivel 4 tienen como objetivo mejorar la autoconciencia.

Nivel 5: Alto Nivel de Respuesta Empática

Reflejando cada matiz emocional, y utilizando la voz y la intensidad de las expresiones finamente sintonizadas con la experiencia del cliente momento a momento, el voluntario responde con precisión al rango completo e intensidad tanto de los sentimientos y significados superficiales como subyacentes.

Un voluntario puede vincular los sentimientos actuales y la experiencia a experiencias o sentimientos previamente expresados, o puede identificar con precisión patrones implícitos, temas o propósitos.

Las respuestas también pueden identificar objetivos implícitos incorporados en el mensaje del cliente, los cuales señalan una dirección prometedora para el crecimiento personal y allanan el camino para la acción.

Responder empáticamente a este alto nivel facilita la exploración de sentimientos y problemas del cliente en mucho mayor amplitud y profundidad que responder en un nivel más bajo.

Tipos de Empáticos

Hay diferentes tipos de empáticos que cada uno muestra una fuerza particular. El número de tipos de empáticos varía según el estudio, artículo o médico. Vamos a ver tres de los tipos más comunes. Aunque pueda haber un tipo particular hacia el que te sientas atraído, también puedes identificarte con algunos aspectos de los demás. Una comprensión general de todos los tipos te ayudará a entender cómo los empáticos interactúan y reaccionan ante el mundo que les rodea. Por lo general, hay tres categorías en las que la mayoría de los empáticos pueden encajar. Estos son los Empáticos Físicos, los Empáticos Emocionales y los Empáticos Intuitivos.

Empáticos físicos

Los empáticos físicos tienden a relacionarse con los indicadores físicos de otras personas y absorberlos en sus cuerpos. Pueden verse drenados o energizados por la otra persona. Estos empáticos suelen convertirse en sanadores de algún tipo, ya que utilizan su capacidad para percibir qué está mal en la otra persona. Los empáticos físicos necesitan aprender a controlar sus propios campos de energía para poder apagarlo cuando lidian con enfermedades.

Empáticos emocionales

De manera similar, los Empáticos Emocionales se conectan con las emociones de otras personas y las absorben, ya sean alegres o tristes. Este es uno de los tipos más comunes de empatas que encontrarás. Para estos empáticos, es importante distinguir entre sus propias emociones y las de los demás.

Empáticos intuitivos

Los empáticos intuitivos son, con mucho, los más interesantes. Tienen increíbles súper sentidos como la telepatía, la intuición, la interpretación de mensajes a través de sueños, la sincronicidad con la naturaleza y uno de los empáticos más populares en aumento son los Empáticos Mediúmnicos, que tienen la habilidad de conectar con el otro lado. Estos empáticos están afinados con el ambiente y pueden leer la energía de las personas.

Comprender qué tipo de empático eres tú o tu ser querido puede ayudarte a prevenir sentirte agotado o exhausto y también a aprovechar al máximo tus habilidades.

Cómo los empáticos interactúan con los demás

Los empáticos reaccionarán al mundo de diferentes maneras, dependiendo de si son introvertidos o extrovertidos. Los introvertidos generalmente son considerados personas tímidas porque están más involucrados con sus propias ideas y emociones que con asuntos externos. De manera similar, los empáticos introvertidos no tienen un umbral alto para socializar con grandes grupos de personas o por el bien de. Prefieren la compañía de personas que conocen y necesitan una estrategia de escape, ya que pueden sentirse sobreestimulados después de algún tiempo. Los empáticos introvertidos necesitan encontrar maneras de desacelerar y re-centrarse.

Por el contrario, los extrovertidos son personas socialmente seguras y extrovertidas. Los empáticos extrovertidos, por naturaleza, están más enfocados en asuntos externos. Son más vocales y participativos que sus contrapartes introvertidas. Disfrutan socializar y estar alrededor de la gente. Estas situaciones no los agotan ni los sobreestimulan.

Ventajas de ser un Empático

Intuición: ser intuitivo con el flujo de energía de las personas y la naturaleza permite sentir las cosas plenamente y sumergirse totalmente en la experiencia de la vida.

Compasión - los empáticos son las personas más consideradas y atentas que encontrarás. Siempre están listos para ayudar a los demás. Sueñan con el futuro perfecto.

Creativo - la mayoría de los empáticos están tan en sintonía consigo mismos que son capaces de ser creativos y ver más que otros.

Lealtad - los empáticos hacen los mejores amigos ya que son extremadamente leales y les tomaría mucho para dejar de apoyar a alguien.

Naturaleza - los empáticos están sincronizados con la naturaleza. Estar rodeados de agua los rejuvenece. Forman lazos especiales con los animales y a menudo los rescatan.

Desventajas de ser un Empático

Sobreestimulación: los empáticos se sienten

más agotados fácilmente si no se toman un tiempo para ellos mismos. Sufren fácilmente de sobrecarga sensorial.

Absorbiendo negatividad, los empáticos se relacionan tan estrechamente con los sentimientos de los demás que se vuelve difícil diferenciar sus propios sentimientos de los de los demás. Esto puede causar que aparezcan síntomas emocionales o físicos en ellos.

Compasión - la capacidad de sentir cosas tan cerca de las de los demás también puede ser una desventaja. Las cosas negativas de este mundo pueden ser difíciles de sacudirse y pueden derribarlos. Sienten todo el peso del dolor y sufrimiento de los demás.

Sobre estimulación: experimentar sobrecarga sensorial puede tomar tiempo para recuperarse.

Soledad - a veces los empáticos sienten la necesidad de estar solos tan a menudo que tienden a aislar a las personas de sus vidas. Pueden parecer antisociales cuando en realidad están cuidando de sí mismos.

Explotación - a veces las personas pueden aprovecharse de la naturaleza generosa y compasiva de los empáticos.

Sobrecarga sensorial: lidiar con personas ruidosas, el bullicio, los ruidos y los olores puede ser muy abrumador para algunas personas, mientras que algunos empáticos se energizan con la luna llena, las nevadas o las tormentas eléctricas.

Expresar necesidades: las necesidades de las relaciones íntimas pueden ser difíciles de articular. En las relaciones íntimas, no todos los compañeros pueden apreciar la necesidad de espacio de un empático, o el no querer compartir una cama.

Con suerte, este capítulo te ha dado una mayor comprensión de lo que significa ser un empático.

Capítulo Tres: Relaciones Saludables

A pesar de todo lo que hemos dicho hasta ahora sobre algunos empáticos que no pueden estar cerca de las personas durante largos períodos de tiempo, es posible que los empáticos disfruten de relaciones saludables, positivas e íntimas con otros. El equilibrio adecuado en una relación puede ser realmente empoderador para los empáticos. Pero como siempre, hay ciertas cosas de las que necesitan ser conscientes para evitar dinámicas poco saludables en las relaciones.

Desafíos Que Enfrentan los Empáticos en Relaciones Íntimas

Muchos empáticos admitirán querer ser una ermitaña a veces. A veces necesitan estar solos como necesitan respirar y esto puede ser muy doloroso para una pareja. Como resultado, muchos empáticos evitan involucrarse en relaciones y permanecen solteros la mayor parte de sus vidas. Sin embargo, ser un empático no significa que uno tenga que relegarse al abismo de la soledad o tener una serie de relaciones a corto plazo. Una vez que reconoces que eres un empático y entiendes las emociones que sientes, así como por qué las estás sintiendo, puedes encontrar formas de crear la armonía y el equilibrio que buscas. Sabrás cómo protegerte de los demás y no perderte en una relación o tener que soportar relaciones traumáticas. Trataremos formas de protegerte más adelante en el Capítulo Siete.

Estar con alguien durante largos períodos de tiempo puede ser abrumador para un empático. Por mucho que desees experimentar la alegría de estar en una relación, puede llegar a ser demasiado. Muchos empáticos huyen y abandonan las relaciones cuando esto sucede. No reconocer tus necesidades como empático puede hacer que te sientas sofocado en las relaciones y llevar a su destrucción. Ser un empático no tiene por qué significar estar solo, simplemente significa que tú y tu pareja tendrán que adaptarse a tus necesidades particulares. Reconocer la necesidad de un tiempo a solas por parte de ambos socios puede conducir a una hermosa experiencia de amor. Este tiempo te recargará y en última instancia mejorará la relación y no la restará. Es importante que este tiempo aparte no se tome de manera personal, porque es más bien paradójico, tienes la necesidad de sentirte amado y tener compañía, pero también temes ser absorbido y abrumado por la relación. Muchos empáticos evitan involuntariamente entrar en relaciones porque este aspecto de absorber energías y emociones no es comprendido, y resulta en soledad. Reconocer la necesidad de cuidarte a ti mismo en una relación es muy importante para la sostenibilidad de cualquier relación.

Ser honesto acerca de tus necesidades de 'energía' es crucial para la longevidad de una relación. Si uno no habla sobre estas necesidades, eventualmente se volverá insoportable. El empático buscará un espacio de poca o nula estimulación, preferiblemente en la naturaleza en algún lugar, antes de sentirse cómodo consigo mismo nuevamente. Establecer límites y comprender las necesidades de energía de un empático brinda potencial a las relaciones íntimas. En algunos casos, los modelos tradicionales de pareja pueden tener que cambiar, todo depende del espacio y tiempo específico aparte, necesidades que un empático requiere. Esto varía según las personalidades, la crianza, la cultura y el ambiente.

Los empáticos son muy buenos reconociendo y expresando sus sentimientos más rápido que otros. Esto puede ser muy desafiante en una relación y hacer que parezcan "sabelotodos" y fomentar el resentimiento. La certeza que un empático tiene sobre lo que siente es inquebrantable, y puede llevar a discusiones en relaciones e incluso a terminarlas.

Los empáticos también pueden parecer muy temperamentales porque todo lo que sienten se intensifica, ya sea alegría o enojo. Los empáticos percibirán cuando una persona está mintiendo o no está siendo sincera con sus sentimientos y serán bastante vocales al respecto, no para causar conflicto, sino porque les importa. Todos estos aspectos pueden ser difíciles de manejar cuando estás en una relación cercana.

Por qué los empáticos hacen los mejores compañeros.

Embarcarse en una relación a largo plazo con un empático puede ser desafiante y lleno de obstáculos desde el principio. Pero seamos realistas, ¿qué relaciones son perfectas? Todas las relaciones requieren trabajo, esfuerzo y sacrificios para que avancen. Sin embargo, estar en una relación con un empático puede ser una de las experiencias más gratificantes que se puedan tener. Si científicamente sabemos que los cerebros de los empáticos están diseñados para discernir las emociones y pensamientos de los demás, entonces son las mejores personas para comprender verdadera y completamente a sus parejas. Lealtad, compasión, respeto, cuidado, amor y comprensión vendrán a raudales; respetar, comprender y aceptar las necesidades de un empático puede transformar una relación en una llena de devoción y amor mutuo hacia el otro.

Razones para estar en una relación con un empático

Los empáticos son sanadores y cuidadores naturales.

Lo hacen por la alegría que trae a los demás y a cambio sienten esa alegría. Los empáticos no pueden tolerar que las personas experimenten dolor; harán lo que puedan para aliviarlo.

Los empáticos son extremadamente leales a las personas que aman y en quienes confían.

Ellos harán todo lo posible por la otra persona para hacerla sentir amada y satisfecha.

Los empáticos pueden difundir alegría y felicidad.

Esto puede infectar a las personas que los rodean. Estar en una relación amorosa aumentará exponencialmente este sentido de alegría que, a su vez, se extenderá a sus parejas.

Empáticos extremadamente genuinos en lo que dicen y hacen.

Estar conectados para sentir sentimientos y pensamientos los hace de esa manera. Debido a esto, los empáticos aman incondicionalmente y comprenden las necesidades de sus parejas.

¡Las personas empáticas tienen empatía!

En lugar de estar enojados y reaccionar, intentarán comprender, lo que los hace mucho más amorosos y pacíficos por naturaleza.

Los empáticos son optimistas naturales.

Es una estrategia de supervivencia contra toda la negatividad del mundo. Estar con un empático significa que siempre podrás ver el lado más brillante de las cosas.

Los empáticos tienen la habilidad innata de inspirar a otros y cambiar el mundo.

Pueden afectar un cambio positivo los socios con quienes están en una relación.

Los empáticos están muy en sintonía con las emociones y sentimientos.

Debido a eso, son honestos y abiertos acerca de ellos. Esto brinda seguridad al compañero de un empático al saber dónde están parados. Un empático no jugará con las emociones de alguien y siempre será amable y considerado.

Los empáticos son creativos porque están tan en sintonía con el mundo.

Esto los hace buenos resolviendo problemas y

encontrando soluciones para personas y situaciones.

Los empáticos pueden conectarse con otros a un nivel mucho más profundo.

Están tan en sintonía con las energías y sentimientos hasta el punto en que son incapaces de distinguirlos de los suyos propios. Estar en una relación con un empático significará que siempre serás comprendido.

Una vez que un empático se enamora de una persona, lo hará incondicionalmente.

Aceptarán todos los fallos, así como los méritos de esa persona.

Para aquellos empáticos que aún sienten que deberían alejarse de las relaciones íntimas, debe tenerse en cuenta que la vida de pareja no es para todos. Así que en lugar de sabotear relaciones potenciales, es mejor entender y aceptar esto.

Tratando con Familia y Amigos

Las relaciones íntimas no son los únicos tipos de relaciones con los que los empáticos luchan. También pueden tener dificultades con amistades y con miembros de la familia. El espacio personal debe ser reconocido y negociado dependiendo de la naturaleza de la relación. En espacios públicos, no tener suficiente espacio personal puede ser asfixiante para un empático. Los empáticos pueden encontrar formas creativas de mantener la distancia física de los demás, como usar su carrito en colas para que la gente no se acerque demasiado, o poner su bolso en el asiento de al lado para que nadie se siente allí. Con amigos y familiares, puede ser un poco más complicado. Debes asegurarte de no ofender a nadie. Para hacer esto, debes dejar claro que no se trata de no quererlos y no es algo personal. Ser capaz de articular estas necesidades será de gran ayuda para crear relaciones duraderas, en lugar de desaparecer cada vez que te sientes emocionalmente agotado. Una vez que identifiques el límite emocional que necesitas, comunicarlo a los demás será mucho más fácil. Tus relaciones con los demás florecerán y no tendrás que sentirte sofocado y evitarlos. Esta negociación beneficiará a todas las partes involucradas.

Empáticos y Narcisistas

En primer lugar, un empático es alguien que siente una necesidad innata de ayudar y sanar a los demás. Un narcisista es alguien que no puede poner las necesidades de los demás primero y está muy involucrado consigo mismo. Como resultado, un narcisista y un empático a menudo pueden dar lugar a relaciones tóxicas. Sin embargo, los narcisistas y los empáticos tienen mucho en común. Ambos reconocen las necesidades emocionales y motivaciones de las personas. Esto les da una visión de las inseguridades de las personas. Un narcisista usará esta información para su propio beneficio mientras que un empático usará esta información para tratar de ayudar a la otra persona. Por lo tanto, es fácil ver cómo esto no funcionará bien en una relación.

La verdad es que muchos narcisistas y empáticos se sienten atraídos entre sí porque reflejan los vicios del otro. Un empático lucha con sentirse despreciado y perdido, mientras que un narcisista lucha con la obligación y la debilidad. Los empáticos, que no se entienden completamente a sí mismos, entrarán en estas relaciones porque creen que el amor conquistará todo. Se entregan desinteresadamente y en detrimento propio. No tienen límites y se vuelven emocionalmente dependientes del narcisista. Los narcisistas a menudo no están conectados con sus sentimientos y carecen de empatía; prefieren ver esto como una debilidad que debe ser controlada. Por lo tanto, los narcisistas buscan a los empáticos como el medio a través del cual pueden expresarse.

Esto no significa que los narcisistas y los empáticos nunca deberían entrar en relaciones entre ellos. Si el empático reconoce y establece límites, no habrá espacio para que un narcisista los manipule y abuse de ellos. Los narcisistas necesitan ser obligados a lidiar y reconocer sus sentimientos, y comenzarán a abordar la causa raíz del problema, en lugar de simplemente proyectar sus sentimientos en los demás. Lo más importante para los narcisistas y los empáticos en una relación es ser conscientes de sí mismos, gestionar y controlar sus propios sentimientos y comportamientos y evitar culparse mutuamente. Ser conscientes y aceptar los propios defectos se transformará en aspectos positivos, y esta conciencia puede impulsar a los narcisistas y empáticos hacia relaciones productivas y progresivas. Entonces pueden usar su alta inteligencia emocional para darse cuenta de su potencial y vivir vidas plenas y felices.

Consejos de relaciones para empáticos.

Estar en una relación mutuamente respetuosa y amorosa es importante, así que tenemos algunos consejos para un empático que se embarca en este viaje.

Es importante expresar la necesidad de tu espacio emocional y personal desde el principio de la relación. Si la persona entiende esta necesidad, entonces es una buena señal para la relación. Sin embargo, si la persona te menosprecia por expresar esta necesidad, entonces las alarmas deben encenderse. La necesidad de espacio puede manifestarse de diferentes formas, a veces puede ser simplemente dar un paseo alrededor de la cuadra solo, otras veces podría ser una escapada de fin de semana—solo.

Algunos empáticos no pueden compartir cama con su pareja. Un posible compañero debe comprender esta necesidad de espacio ininterrumpido y no verlo como un rechazo de ningún tipo. Las energías se mezclarán al dormir, por lo que para algunos empáticos, esto puede causar un sueño inquieto. Las parejas necesitan entender esto y dejar de lado el patrón tradicional de vida en pareja. Para algunas relaciones, esto podría significar dormir en habitaciones separadas o dormir aparte durante unas noches o simplemente camas separadas en la misma habitación.

Es crucial para los empáticos ser honestos sobre sus ansiedades y lo que sienten. Esto ayudará en cualquier malentendido y puede acercar a las parejas, así como permitir que la pareja juegue un papel de apoyo. Así como un empático necesita ser escuchado, también deberían escuchar a sus parejas. De esta manera, se pueden hacer compromisos, si es necesario, y se creará la libertad emocional que las relaciones saludables necesitan.

Capítulo Cuatro: Padre como Empático

Puede ser particularmente desafiante para los empáticos ser padres. Dado que absorben todo lo que su hijo siente, puede dejarlos sintiéndose agotados. Criar a niños empáticos también puede ser abrumador. Ellos aún no comprenden completamente sus sensibilidades. Hay pautas y técnicas para ayudar a los padres que están criando a empáticos, para asegurar que todos los niños sean nutridos y desarrollados hasta sus capacidades máximas.

Parenting

Si los empáticos se conectan tan profundamente con los sentimientos y emociones de las personas, ¿puedes imaginar hasta dónde llegaría esto con sus propios hijos? Los hijos de los empáticos probablemente tendrían las mejores infancias de todas. Los hijos de los empáticos se sienten amados, cuidados, apoyados y escuchados.

Sus padres están muy en sintonía con cómo se sienten y qué necesitan. Ser padre/madre como empático/a puede ser una experiencia muy diferente. ¡Imagina absorber cada emoción de tu hijo/a! Sentir ansiedad cuando lloran, sentir dolor cuando son rechazados, el estrés de no querer que les hagan daño de ninguna manera y querer protegerlos del mundo. Esto puede llevar a niveles de estrés significativos.

Estar sintonizado con tus hijos te pone en súper alerta a todo lo que sienten. A veces es peor para ti que para ellos. Las emociones pueden oscilar desde la melancolía de los adolescentes hasta la hiperactividad de los niños pequeños. Esta montaña rusa es suficiente para llevar a cualquier padre al límite, pero mucho más para padres empáticos. El peso de llevar todas esas emociones puede quedarse contigo por mucho tiempo. Parece que no hay escapatoria y que como padre, toda la responsabilidad recae en ti. Los padres empáticos se culpan a sí mismos por estar demasiado involucrados y son acusados de ser demasiado ansiosos y preocuparse demasiado. O admiras o miras a otros padres con horror por lo relajados que pueden ser. Los padres empáticos a menudo están 'agotados' y exhaustos. La buena noticia es que los padres empáticos tienen más probabilidades de criar hijos más sanos y felices y que hay formas de protegerse de 'agotarse'.

Algunas características de los padres que son empáticos son la hipervigilancia y el estrés.

Mientras que para algunos esto puede parecer un trastorno de ansiedad, surge de la preocupación por el hijo. Estar súper consciente de los peligros potenciales puede ser agotador y también hacerte parecer tenso. Este estrés a largo plazo no es bueno para el cuerpo, la mente y el alma. Poner constantemente las necesidades de tus hijos antes que las tuyas puede dejarte mental, emocional y físicamente fatigado.

A pesar del impulso automático de poner siempre a tus hijos primero, tienes que aprender a dejar de hacerlo. Tienes que aprender a cuidarte primero para poder ser lo mejor para ellos. La base fundamental es desarrollar la resiliencia emocional.

La investigación muestra que puedes hacerlo de tres maneras:

Tienes que aprender a estar tranquilo.

En cuanto desencadenes estrés al preocuparte por tu hijo, necesitas parar y respirar. Esto activa tu sistema nervioso parasimpático, que contrarresta al sistema nervioso simpático— nuestra respuesta al estrés. Cuando te sientes nervioso, comienzas a respirar más rápido. Cuando conscientemente ralentizas tu respiración, tu cuerpo recibe señales para calmarse. Al inhalar aumentas tu ritmo cardíaco, al exhalar disminuyes el ritmo cardíaco. Así que al alargar el tiempo entre respiraciones se reducirá tu ritmo cardíaco, y a su vez, te tranquilizará.

Desarrolla la auto-compasión.

El siguiente paso es uno de las técnicas más subutilizadas. Desarrollar autocompasión mejorará su bienestar físico y psicológico. La autocompasión puede darte fuerza. Implica ser amable contigo mismo. Menos autocrítica y más amabilidad son necesarias. Necesitamos recordarnos a nosotros mismos que nadie necesita ser perfecto y que todos cometemos errores. Podemos brindar consuelo y aliento fácilmente a los demás, pero no necesariamente a nosotros mismos. Básicamente, necesitamos usar más empatía con nosotros mismos. Ser consciente de tus pensamientos y sentimientos te ayudará a distanciarte y mirarlos objetivamente. De esta manera, no tienes que sucumbir a un torrente de emociones o negarlos.

Dedícate un tiempo a solas.

El tercer paso ha sido abordado anteriormente en el capítulo: el tiempo a solas. Los empáticos necesitan este tiempo para rejuvenecerse. La separación de tus hijos puede parecer contraintuitiva e incluso dolorosa, pero es necesaria. Esto puede ser tan simple como tomar un baño relajante, leer un libro o dar un paseo a solas.

Es importante practicar regularmente todas estas técnicas para evitar la fatiga mental y emocional. La práctica hará que regular los sentimientos intensos sea más fácil de hacer. También fortalecerá la resiliencia emocional que necesitas para florecer como padre. Esto, a su vez, se filtrará a tu hijo, haciéndolos sentir aún más seguros.

Lo más importante a recordar es mantener el equilibrio entre el cuidado personal y disfrutar de la sensación de estar tan cerca de tu descendencia.

Crianza de niños empáticos.

No tienes que ser un empático para dar a luz a niños empáticos. Y no tienes que ser un empático para criar niños saludables, equilibrados y empáticos. Al igual que los empáticos adultos sienten y perciben las cosas de manera tan intensa, los niños empáticos también lo hacen. La dificultad radica en que los niños aún no saben cómo manejar las emociones que sienten, por lo que esto se vuelve exponencialmente más complicado para los niños empáticos. Sus sistemas nerviosos reaccionan de manera más intensa a los estímulos externos, lo que puede llevar a una sobrecarga sensorial muy rápidamente. Pueden responder de manera más intensa a ciertos olores, luces brillantes y espacios ruidosos. Pueden preferir ciertos perfumes, telas más suaves, estar en la naturaleza, etc. Los padres empáticos pueden ayudar a estos niños a identificar los desencadenantes y brindar soluciones a estas emociones, ya que ellos mismos no son capaces de expresar o entender la intensidad. Esto les ayudará a lidiar con ello y minimizar cualquier malestar.

Como padres de niños empáticos, es necesario que conozcan bien a sus hijos. Deben saber qué los sobreestimula y cómo prevenir esas situaciones. Esto ayudará a mantenerlos tranquilos, relajados y evitar rabietas. Algunos desencadenantes comunes para niños empáticos son:

- Manteniéndolos ocupados, llenando sus días con tareas y actividades sin descansos.
- Programas violentos especialmente por la noche.
- Multi-tarea
- No tiempo solo o separado de los demás.

Cuando se ven expuestos a las situaciones mencionadas anteriormente, es posible que le resulte más difícil hacer que su hijo se duerma. Es posible que necesiten más tiempo para relajarse. Los padres de niños empáticos deben recordar que sus hijos no tienen la misma capacidad de filtrar el ruido, la luz y el caos, a diferencia de otros niños. Pueden llorar o confinarse en soledad. Ciertos estímulos incluso pueden resultar dolorosos para ellos, como los aplausos y las ovaciones. Estos sonidos los perturbarán en lugar de los sonidos tranquilizadores del agua y la naturaleza.

Por mucho que existan pruebas científicas e investigaciones, muchas escuelas no están equipadas para identificar o entender a los niños empáticos. A menudo son etiquetados como antisociales, tímidos o exigentes. Su naturaleza tranquila, compasiva y profunda puede dar la impresión de que son simplemente reservados. En casos extremos, se les diagnostica con trastorno, depresión, ansiedad o fobias. Es importante que los padres se armen de conocimientos y soluciones para ayudar a entornos como las escuelas a hacer la vida más fácil para los niños empáticos. Combatir estas percepciones erróneas con herramientas y conciencia ayudará a los niños empáticos y a sus cuidadores a enfrentarse al mundo.

Los padres y cuidadores también deben recordar que estos niños sienten y absorben la alegría y el dolor de quienes los rodean y pueden experimentar malestar emocional por estas situaciones. Sea cual sea la emoción que el adulto siente, será intensificada para el niño.

Hay muchas personas que no entienden qué son los empáticos, y mucho menos cómo responder a ellos. Cuando a los niños empáticos se les descarta como 'demasiado sensibles' y se les dice que 'deben ser más fuertes' se les hace sentir como si algo estuviera mal en ellos. Se sentirán incomprendidos y comenzarán a alejarse de las personas. Es importante aumentar la conciencia y el apoyo a los niños empáticos para que comprendan sus cualidades únicas.

¿Cómo saber si tu hijo es un empático?

Reconocer si tu hijo es un empático o no es el primer paso para ayudar a tu hijo a vivir lo mejor posible. Una vez que esto se establece, un padre puede apoyarlos de la manera que se requiere. A continuación se presentan algunas características de los niños empáticos:

- Tienen emociones intensas.
- Se sobreestimulan rápidamente cuando están rodeados de multitudes y ruido.
- Tienen fuertes reacciones a libros tristes o películas de miedo.
- A menudo quieren irse temprano de reuniones familiares o simplemente estar solos.
- Ellos piensan que son diferentes de otros niños.
- Son muy buenos escuchando a la gente.
- Te sorprenden con comentarios

- intuitivos o perspicaces que no esperarías de un niño.
- Tienen una afinidad particular por la naturaleza y los animales.
- Se molestan cuando otros niños han sido maltratados o victimizados.
- Tienen algunos buenos amigos, en lugar de un gran círculo de amigos.

Cuanto más pueda relacionarse tu hijo, más fuertes son sus inclinaciones empáticas. Es importante criar a estos niños, ya que tienen las habilidades necesarias para resolver el mundo cruel en el que vivimos. Necesitan aprender a apreciar sus sensibilidades y no resentirlas.

Capítulo Cinco: Cómo Prosperar como un Empático

Una de las cosas en las que pasamos una gran cantidad de tiempo es en nuestros trabajos u ocupaciones. Encontrar el trabajo adecuado para un empático es como la diferencia entre una vida feliz y plena y una frustrada. La privacidad es difícil de obtener en muchos entornos laborales con muchos espacios de oficina de planta abierta. Estar constantemente rodeado de personas puede hacer que un empático se sienta muy abrumado. Es importante, especialmente para los empáticos, encontrar entornos que se ajusten a su temperamento o aprender a establecer límites y aprender a centrarse en el trabajo.

Los empáticos están naturalmente impulsados a hacer del mundo un lugar mejor. Comparten un fuerte deseo de ayudar a las personas y a menudo se sacrifican a sí mismos en el proceso. Por lo tanto, es importante para los empáticos encontrar un trabajo que sea significativo para ellos, que tendrá un impacto positivo en la vida de los demás. Tienden a alejarse de carreras competitivas y las impulsadas por el dinero. Carreras en el campo de la sanación, como la enseñanza y la consejería, atraen más a los empáticos.

Un Entorno Laboral Cambiante

Está convirtiéndose en una tendencia creciente en el lugar de trabajo que los empáticos sean evaluados en función de su cociente emocional, en lugar del cociente intelectual. La humanidad o empatía se está convirtiendo en más prioritaria, así como en una responsabilidad social. Parece que los empáticos están empezando a dejar su huella en el mundo después de todo.

Las empresas que pueden desarrollar una cultura empática son las que prosperan. Cuando puedes ponerte en los zapatos de otra persona y relacionarte con ellos de manera genuina, se sienten apreciados y dan mucho más, y son mucho más leales. Los empáticos pueden ofrecer mucho al ambiente laboral porque realmente se preocupan; sin embargo, si no se protegen a sí mismos, pueden sucumbir al agotamiento y sentirse abrumados. Se necesitan más empáticos en el lugar de trabajo. La investigación muestra que la productividad está disminuyendo cuando los empleados sienten que sus gerentes no se preocupan por ellos y por el trabajo que realizan. Los trabajadores sienten que sus empleadores están despreocupados por lo que sucede en el terreno y permanecen distantes en la confinación de las salas de juntas y presentaciones.

La contagión emocional se discutió anteriormente en el libro. Se puede ver lo peligroso que esto podría ser para un entorno laboral. Puede afectar el ánimo del personal si es negativo. Sin embargo, lo contrario se puede decir si es un entorno laboral positivo, feliz y productivo.

En los entornos laborales de hoy en día, no hay mucho espacio entre compañeros de trabajo, por lo que hace difícil para un empático evitar la estimulación de los demás. Un empático puede escuchar a otros a su alrededor chismear, quejarse, toser y reír. Pueden oler los olores de las personas a su alrededor. Esta sobrecarga sensorial puede ser muy estresante para los empáticos.

Algunas empresas progresistas han reconocido la necesidad de sus empleados, y proporcionan espacios creativos y alternativos para que sus empleados puedan rendir al máximo. Ahora puedes encontrar sofás en algunos lugares de trabajo, espacios tranquilos designados para aquellos que lo necesitan.

No siempre es posible controlar el entorno en el que te encuentras, pero puedes aprender algunas técnicas para ayudarte a sobrellevarlo. Hay formas de minimizar la contagión emocional y de crear un espacio de trabajo seguro y agradable para ti. Lo primero que debes hacer es entender la energía.

Hay colegas que energizarán a los empáticos, y hay colegas que harán que los empáticos sientan que les absorben la vida. La relación que tengas con estas personas afectará en última instancia tu bienestar físico. Es importante prosperar en un entorno laboral donde puedas reconocer estos diferentes tipos de personas y aprender a navegar a su alrededor para prevenir la fatiga y el resentimiento. Es importante crear un ambiente donde te sientas seguro y feliz.

Los empáticos necesitan limitar el tiempo que dedican a escuchar a otras personas, especialmente si se trata principalmente de quejas. Ayuda tener frases de salida listas para usar como "Lo siento, tengo muchos plazos que cumplir hoy, solo tengo unos minutos para dedicar".o cambiar de tema educadamente. Algunos compañeros de trabajo no responden a las señales verbales o no verbales, y hay que abordar el problema de manera más directa. Es importante reconocer cualquier desencadenante y responder de manera tranquila y racional. Si esto no funciona, puedes probar la visualización - poniéndote en un espacio más feliz y sereno donde la negatividad que trae el compañero de trabajo no te afecte. Al observar a las personas con las que necesitas estar en contacto y las formas en que te afectan, puedes encontrar estrategias para ayudarte a lidiar con ellos. Establecer límites e implementarlos es clave cuando se trata de personas que perturbarán tu bienestar emocional.

Un lugar de trabajo puede drenar toda tu energía y motivación o energizarte y nutrirte. Obviamente, todos aspiramos a lo último, ya que creará un ambiente que fomente la creatividad y la pasión. Lo primero probablemente encontrará a un empático alejándose del trabajo, sintiéndose enfermo a menudo y constantemente experimentando estrés emocional.

Dado que el trabajo y las carreras juegan un papel tan trascendental en nuestras vidas, es importante crear el ambiente adecuado. Lograr esto es doble, debes encontrar significado y propósito en tu trabajo, y debes entender y gestionar la energía del espacio y las personas que te rodean.

Comprendiendo la Energía

Todo en la tierra tiene su propia vibración y por lo tanto su propia energía. Para los empáticos, la energía se convierte en un medio de comunicación principal. Las plantas, animales, personas e incluso el agua tienen una vibración o frecuencia que es única para cada uno. Esto es lo que define su existencia en el universo. Este conocimiento se basa en evidencia científica que está documentada. En realidad, se pueden ver estas vibraciones y frecuencias en escáneres cerebrales y otros gráficos de energía.

La energía negativa atrae más energía negativa y la positiva atrae energía positiva. La energía también puede repelerse entre sí. Los empáticos y no empáticos pueden utilizar conscientemente esta energía si son conscientes de ella. Algunas personas emiten energía positiva y te sientes revitalizado a su alrededor. Otras personas absorben energía positiva y dejan a las personas a su alrededor sintiéndose agotadas. En el momento en que uno comienza a prestar atención a este aspecto, lo notarás más y más. Hay algunas personas que son simplemente más carismáticas y te atraen hacia ellas. Piensa en líderes dinámicos y cómo te sientes después de estar en su presencia.

Un empático es afectado por la energía que es emitida por los demás. Las personas pueden no ser conscientes de las frecuencias emocionales que emiten. Cuando un empático capta esto, tendrán una respuesta emocional o física a ello. Cuanto más iluminado seas como empático, más rápido y fácil es hacer esto. Un empático no entrenado es vulnerable a esto y será afectado más intensamente. Entrar en una sala de juntas o una sesión de networking puede convertirse fácilmente en una pesadilla para los empáticos. Pueden sentirse abrumados y luchar para concentrarse y enfocarse. Los empáticos necesitan ser conscientes de las personas que se alimentan de su energía, esto puede suceder en los primeros momentos de entrar en contacto con esa persona. Esta diferencia en las necesidades de energía puede llevar al estrés y a un quiebre en la relación. Situaciones altamente estresantes en el trabajo pueden ser evitadas si los empáticos aprenden cómo bloquear las emociones o energías que están sintiendo. La mayoría de las veces, las personas no son conscientes de sus frecuencias de energía y no se dan cuenta del efecto que tienen en los demás. Es importante que los empáticos se entrenen en cómo lidiar con varias situaciones y dilemas, y así, protegerse de un estrés innecesario y debilitante.

Creando límites

Es importante crear límites físicos y emocionales alrededor de ti en el trabajo. No todos tenemos la fortaleza mental de gurús y monjes, así que la buena noticia es que los empáticos también pueden usar algunos objetos físicos en su entorno para ayudarlos en este sentido. Estos pueden servir más como una barrera psicológica pero ayudarán con tu estado mental.

Si te encuentras en un espacio de oficina de planta libre moderno, donde no disfrutas del espacio que proporciona tu escritorio, puedes crear un tipo de barrera a tu alrededor.

Con esto, me refiero a una barrera física con pequeñas plantas, fotos o piedras preciosas.

Crea distancia emocional de las personas usando auriculares que bloquean el sonido y el ruido.

Puedes tomar descansos o dar un paseo para tomar aire fresco.

También puedes purificar un lugar quemando velas perfumadas o incienso. Sin embargo, debes tener en cuenta que algunos compañeros de trabajo pueden sentirse incómodos con esto.

Podrías hacer una meditación en silencio que no sea invasiva para nadie.

Y finalmente, puedes usar objetos como plantas y espejos para cambiar la energía del espacio.

La visualización ayuda a algunas personas. Te imaginas que todo tu espacio de trabajo está rodeado de luz que resiste cualquier cosa negativa y solo atrae lo positivo. Es una estrategia para ayudarte a sentirte protegido y, por lo tanto, empoderado.

Los empáticos necesitan aprender a lidiar con personas negativas en el lugar de trabajo y usar cualquier medio disponible para ayudarles. La forma en que manejas esto en el trabajo puede afectar tus niveles de comodidad en él. Uno tiene que aprender y practicar estrategias para crear barreras físicas, emocionales y psicológicas que se requieren para establecer un entorno laboral agradable. Puede que no puedas controlar con quién trabajas, o incluso el entorno en el que trabajas, pero puedes hacer un esfuerzo para cambiar la energía en la que te encuentras. Puedes utilizar las estrategias mencionadas arriba para minimizar la contagión emocional que se encuentra en espacios de trabajo.

Eligiendo Carreras

Cuando un empático encuentra la carrera adecuada para ellos, pueden ser invaluables en ese campo. Un empático necesita reconocer que sus contribuciones pueden no ser valoradas en ciertos campos como el militar o corporativo, pero son altamente buscadas en campos de la salud, educación y las artes. Al elegir una carrera, un empático necesita considerar no solo los requisitos y habilidades de un trabajo, sino también la energía del entorno, y la visión y misión de la empresa. Un empático necesitará confiar en su intuición y en su instinto al tomar una decisión, ya que esto requiere estar activamente consciente de la energía que perciben.

El factor clave al elegir un camino profesional es entender y conocer realmente tus capacidades. Las profesiones compasivas pueden ser una excelente elección de carrera inicialmente, pero el peso de cargar con el dolor y el sufrimiento de otros puede ser demasiado para soportar. Los empáticos entrenados que pueden establecer límites, técnicas de afrontamiento y límites pueden sobresalir en estos campos. Conocer quién eres y tus límites te ayudará a tomar la mejor decisión profesional para ti.

Los mejores trabajos para empáticos.

Hay ciertos campos que están naturalmente inclinados hacia las mejores cualidades de un empático y les brindarán realización y satisfacción.

Muchos empáticos son artistas naturales. El trabajo de un artista es reflejar el mundo en el que se encuentran, o comentarlo y hacer que otros contemplen estas ideas, y debido a que los empáticos son más perceptivos y están en sintonía con su entorno, están naturalmente inclinados a ser artistas. La intensidad con la que sienten y perciben el mundo les ayuda a crear arte significativo en todas sus formas. Los empáticos que eligen un campo artístico encuentran una forma de canalizar todo lo que sienten en su arte. A cambio, el mundo se embellece con estas maravillosas expresiones que nos conmueven e inspiran. Son muy pocos los artistas en el mundo que se enriquecen creando su arte, por lo que la motivación detrás de esto es más hacer un impacto en el mundo y cambiar vidas para mejor.

Cuidado de la salud

La naturaleza compasiva y solidaria de un empático los hace ideales para una ocupación en el campo de la salud. Muchos empáticos se convierten en médicos, enfermeras y psicólogos para satisfacer su necesidad de ayudar a los demás. Lo más importante para los empáticos, como profesionales de la salud, es tener técnicas y estrategias para protegerse de absorber demasiado de sus pacientes.

Los trabajadores sociales tratan directamente con personas vulnerables y niños, los empáticos naturalmente se sentirían atraídos hacia esta carrera. Dedican su tiempo y esfuerzo y a menudo trabajan largas horas. Su objetivo es mejorar y proteger las vidas de las personas con las que entran en contacto. Sin embargo, esta carrera puede exponer a un empático a las duras y crueles realidades del mundo; es imperativo que tengan sólidas estrategias de afrontamiento para lidiar con el dolor y el sufrimiento que encuentran. No tener estas estrategias en su lugar ha provocado que muchos trabajadores sociales abandonen sus trabajos después de unos años debido al agotamiento emocional y mental.

Muchos empáticos se encuentran trabajando en hospicios donde brindan cuidado y apoyo a las familias de pacientes con enfermedades. También brindan cuidados extras y apoyo al paciente, ya que las familias pueden no ser capaces de hacerlo. Algunos empáticos realizan este tipo de trabajo como voluntarios, ya que sus trabajos diarios pueden no satisfacer su necesidad de ayudar a los demás.

Al principio, uno puede pensar que ser abogado está en desacuerdo con lo que es un empático, pero puede ser una combinación perfecta para aquellos que necesitan abogar por causas. Es un trabajo donde puedes servir, ayudar a las personas y marcar la diferencia en el mundo. Generalmente asociamos a los abogados con honorarios costosos y siendo implacables, pero esta es una generalización y estereotipo. Los empáticos como abogados pueden identificarse con lo que sienten sus clientes y lo que están pasando, esto los convierte en las mejores personas para representar a los demás, especialmente a aquellos que son abusados. Hay momentos en los que las sensibilidades de un empático jugarán en su contra en situaciones de gran conflicto y estrés.

El autoempleo se convierte en una opción para muchos empáticos, ya que pueden tener la flexibilidad y libertad para elegir sus entornos laborales. Pueden elegir a sus colegas y clientes, y pueden trabajar por su cuenta si sienten la necesidad. El autoempleo también significa menos reuniones con grupos de personas, lo cual es muy positivo para los empáticos.

Muchas empresas han optado por el horario flexible y permiten a los empleados trabajar desde casa y comunicarse a través de aplicaciones y plataformas en línea. Este entorno también es adecuado para los empáticos. La desventaja es que a menudo uno termina trabajando mucho más de lo que lo haría en una oficina. Por lo tanto, una vez más, se vuelve importante implementar límites.

Los peores trabajos para los empáticos.

Los trabajos de ventas son probablemente uno de los peores trabajos que un empático puede intentar. Este trabajo requiere tratar con todo tipo de personas y manipularlas para que compren algo que sabes muy dentro que realmente no necesitan. Esto va en contra de un empático que busca ayudar y mejorar la vida de los demás. Un trabajo de ventas puede ser emocionalmente agotador para un empático. Ser un vendedor en una tienda o supermercado puede significar que un empático está bombardeado por personas, ruidos, altavoces y luces brillantes todo el tiempo. Esta es la descripción exactamente opuesta del entorno ideal para un empático.

La atención al cliente y las relaciones públicas también pueden ser opciones muy estresantes para un empático, ya que son carreras que implican conversaciones intrascendentes, ser agresivos y complacientes. El mundo corporativo también presenta problemas para un empático. Por lo general, hay reglas y protocolos que seguir que son innegociables y no valoran al individuo. Los empáticos son pensadores profundos y disfrutan pensar de forma no convencional para encontrar soluciones. Hablarán si sienten fuertemente sobre un tema y no se dejarán influenciar fácilmente. Esta habilidad puede no ser bien recibida en todos los entornos corporativos, y pueden ser percibidos como difíciles. No se llevan bien con compañeros de trabajo competitivos y pueden encontrarlos agotadores.

Si te encuentras en alguna de estas carreras y no ves una salida, puedes encontrar formas de mejorar tu situación. Los empáticos que son felices en el trabajo pueden ser empleados valiosos.

Capítulo Seis: Adicción

Muchas personas, incluso aquellos que son conscientes de los empáticos y no empáticos, no son conscientes de que los empáticos no tienen las herramientas para hacer frente a lo que el mundo les depara. No saben cómo lidiar con la sensación de abrumarse y recurren a medios negativos para hacer frente a estos sentimientos. Los empáticos intentarán resolver o adormecer lo que sienten recurriendo a adicciones. Estas pueden adoptar la forma de alcohol, medicamentos, sexo, juego, comida, etc.

La medicación es a veces la solución fácil a la que recurren los empáticos cuando sienten la sobrecarga sensorial, lo cual puede llevar a la ansiedad y depresión. Esta solución aborda los síntomas y no la causa. Los empáticos necesitan aprender a protegerse de la intensidad de sus emociones, en lugar de recurrir a soluciones rápidas.

Los empáticos también necesitan aprender a aceptarse a sí mismos y darse cuenta de que son diferentes de otras personas y no se enfrentarán a las situaciones de la misma manera que otras personas. A veces, esto puede hacer referencia a cosas que otras personas dan por sentadas por completo. Ir al supermercado a fin de mes o navegar por las autopistas durante las horas pico del tráfico puede afectar intensamente a los empáticos. Pueden sentir una ansiedad extrema al realizar estas simples actividades cotidianas. Los no empáticos no entenderán cómo estos eventos pueden causar una sobrecarga sensorial y una hiperestimulación para los empáticos. Los ejercicios de respiración no siempre ayudan en estas situaciones, y la falta de empatía y comprensión de los demás y de ellos mismos puede hacer que los empáticos recurran a medios alternativos, o formas de lidiar con lo que sienten.

La adicción se convierte en distracciones de tener que lidiar con la sobrecarga sensorial. Desvía tu atención de tener que lidiar con el mundo. Ciertas sustancias adictivas como los medicamentos y el alcohol pueden cambiar la energía o vibración de un empático, ya sea haciéndola más alta o más baja, poniéndolos en un estado en el que no están tan conscientes de la entrada sensorial a su alrededor. Las adicciones a correr, hacer ejercicio o yoga liberarán endorfinas que contrarrestan cualquier dolor sentido porque las endorfinas están asociadas con las hormonas que generan sensación de bienestar.

Los alimentos se convierten en otra forma en que los empáticos se adormecen. Los alimentos ricos en carbohidratos o azúcares elevan la insulina. Se cree que ansiamos estos alimentos porque elevan nuestros niveles de dopamina. Entonces, los empáticos recurren a estos alimentos como una forma de contrarrestar la depresión o la sobrecarga sensorial que sienten.

Muchos adictos provienen de hogares que son solidarios y adinerados, lo que hace que la gente se pregunte por qué se convirtieron en adictos. Si lo que sienten los empáticos se amplifica, entonces esas personas llevan consigo una gran carga de dolor emocional, ansiedad, pérdida y sufrimiento de muchas maneras. Esto puede ser incapacitante y puede resultar difícil sentirse animado o normal. En su mayor parte, los empáticos tratan de mantener un equilibrio emocional a través del alcohol, el tabaco y las adicciones a la comida, pero para otros, resulta mucho más difícil mantener la adicción bajo control.

En su mayor parte, la adicción es una forma de desconectar y retirarse. Pero no importa cuánto los empáticos intenten distanciarse de sus sentimientos a través de sustancias, no resuelve el problema. De hecho, crea más conflictos en nuestras relaciones y puede causar más frustración, soledad y depresión. La distancia que los empáticos pueden crear puede adoptar las siguientes formas:

- Prefiriendo aislamiento
- Disminución del deseo sexual
- Estar emocionalmente cerrado.

Terminando relaciones

Cada vez más investigaciones comienzan a mostrar que la respuesta a la adicción es una conexión. Con esto quiero decir que en lugar de los empáticos tratar de evitar los sentimientos, deberían abrazarlos completamente como un medio para liberarlos. Una forma de hacer esto es hablando sobre estos sentimientos con alguien en quien confíen y que les brinde apoyo. ¡Esto es la conexión!

Medicación y empáticos

Hay momentos en los que tratar de lidiar con la sobrecarga sensorial puede ser demasiado abrumador y se necesita medicación para combatir la depresión y la ansiedad. La buena noticia es que, dado que los empáticos son tan sensibles a todo, también son sensibles a la medicación y, por lo tanto, requieren menos para que comience a mostrar resultados positivos. Muchos empáticos suelen descubrir que las dosis tradicionales de medicación les resultan difíciles de tolerar. Muchos analgésicos inhiben la empatía y se convierten en un medicamento común para los empáticos que intentan hacer frente a una avalancha de emociones. Los empáticos que necesitan medicación deben encontrar profesionales médicos que sean sensibles a la sensibilidad de los empáticos y puedan ajustar la dosis en consecuencia.

Capítulo Siete: Protégete como Empático

Los empáticos necesitan aprender formas y medios para protegerse de las personas tóxicas, o cuando están rodeados de ruido, negocios y caos para evitar sentirse abrumados y exhaustos. Una de las muchas habilidades de los empáticos es afinar los sutiles indicios no verbales, abriéndose así a los sentimientos y energía de otros que no se muestran conscientemente. Esto hace que los empáticos sean buenos leyendo a las personas y situaciones, y sabiendo cuándo las personas son deshonestas o no auténticas. Sin embargo, el lado negativo de estas habilidades es que presentan a los empáticos una serie de problemas. Pueden sentirse abrumados por la sobrecarga de energía, al absorber la energía de otras personas. La energía negativa puede dejar a un empático sintiéndose desconectado y cargado.

Hemos hablado en capítulos anteriores sobre límites, establecimiento de límites y ser asertivo. En el Capítulo Cinco, cubrimos aspectos de barreras psicológicas, emocionales y físicas que los empáticos pueden usar para protegerse. Este capítulo resume todas las cosas que un empático puede hacer de manera proactiva para reducir este embate sensorial y técnicas para deshacerse de él.

Campos de energía

Cada persona tiene láminas invisibles de ondas electromagnéticas que los rodean, algunas personas se refieren a esto como su aura, pero un término más científico es 'biofield'. Para los no empáticos, este campo está bien definido y unificado. Para los empáticos, es permeable y fluido. Esto lo hace vulnerable a la penetración de energía extranjera. Los empáticos entrenados pueden usar esta sensibilidad para leer espacios y personas. Pueden sentir cuándo entran en una habitación o espacio e inmediatamente sentir si es tenso o acogedor. Lugares donde hay mucha energía condensada juntas como centros comerciales, escuelas y hospitales ofrecen una sobrecarga de energía a los empáticos y tratan de evitarlos. Como empático, se tiene que aprender sobre cómo funciona la energía, así como sus propias sensibilidades personales y el tipo de empático que se es. Esta información te ayudará a guiarte hacia las técnicas y herramientas que necesitarás.

Cuidando de ti mismo

Hay ciertos rituales que un empático necesita seguir para evitar todas las cosas negativas a las que son propensos. El primero son las pequeñas cosas que necesitan hacer para cuidarse a sí mismos. Los empáticos necesitan estar en sintonía con sus vibraciones, ya que crea la base desde la cual interactúan con el mundo. Los no empáticos se sienten atraídos por las altas vibraciones de los empáticos y los ven como modelos a seguir. De esta manera, los empáticos pueden enseñar a otros cómo ser en este mundo y eliminar muchas crueldades. Cuando los empáticos se cuidan y se ocupan de sí mismos, enseñarán a otros, mediante el ejemplo, a hacer lo mismo. Al cuidarse primero a sí mismos, los empáticos podrán florecer y cumplir su propósito en esta vida, y así, tener un impacto en el mundo.

Vida saludable

El primer paso en este proceso es mirar lo que ponemos en nuestros cuerpos, en nuestros cuerpos, y con lo que rodeamos nuestros cuerpos.

Cosas que introducimos en nuestro cuerpo incluyen alimentos, medicamentos y bebidas.

Cosas que ponemos en nuestro cuerpo incluyen ropa, joyas, etc.

Las cosas con las que nos rodeamos incluyen

muebles, artículos del hogar, incluso productos de limpieza.

Todas estas cosas tendrán un efecto en nuestros cuerpos, y los empáticos serán más susceptibles a su influencia. Ser consciente de las decisiones que toma un empático al comprar todos estos diversos artículos debe ser cuidadoso y deliberado. En general, estos artículos deberían ser orgánicos. Los artículos no orgánicos tienen una vibración más baja y pueden afectar negativamente a los empáticos. Ser extremadamente sensible significa que los empáticos deben tomar decisiones conscientes.

Ejercicio

Liberamos toxinas de nuestros cuerpos a través de la sal. Por lo tanto, cuando los empáticos lloran o sudan, en realidad es muy bueno para ellos. Con el tiempo, las toxinas y la energía negativa se acumularán en el cuerpo, por lo que es importante liberarlas de forma regular. Si no te gusta hacer ejercicio, puedes encontrar formas creativas de sudar. Muchos gimnasios ahora ofrecen estudios calentados para yoga y Pilates. El yoga está diseñado para liberar energía negativa a través de la meditación, por lo que la combinación de sudoración lo convierte en una excelente opción. Andar en bicicleta, caminar o correr en la naturaleza también es muy bueno. La naturaleza tiene una vibración y puede sanarte.

Meditación

Una gran manera de despejar la mente, liberarse de la energía negativa y reconectar contigo mismo es a través de la meditación. La meditación es crucial para los empáticos, por lo que hemos dedicado todo el próximo capítulo a la meditación. La meditación no tiene por qué ser larga y onerosa; se puede adaptar a las necesidades y situaciones. Algunos empáticos prefieren meditar en yoga o al aire libre en la naturaleza, algunos prefieren la meditación guiada, y algunos prefieren simplemente concentrarse en su respiración; para algunos, es simplemente un tiempo a solas, un lugar donde pueden estar quietos. La forma que más te atraiga es la que debes elegir. Lo más importante es hacerlo de forma regular. Meditaciones rápidas a lo largo del día pueden ayudar a un empático a mantenerse centrado. Si un empático siente que su corazón late más rápido, o un sentido de miedo y abrumamiento, deberían detenerse y hacer una meditación rápida para recuperar el control de su estado emocional. Estas breves meditaciones no deben subestimarse, pueden ser fenomenales.

Buen juicio

Los empáticos deben aprender a tomar

buenas decisiones. Necesitan hacer elecciones conscientes sobre con quién pasan su tiempo, cómo lo pasan y dónde lo pasan. Si estas decisiones no apoyan su propósito en la vida o el bien superior, no serán beneficiosas para nadie más. Un empático puede usar sus corazonadas o intuición para guiarlos en este sentido. Cuando se toman decisiones auténticas, la toxicidad y la sobrecarga pueden ser eliminadas.

Escuchando tus instintos

Como se ha mencionado a lo largo de este libro, los empáticos son extremadamente sensibles. Esto significa que estar en sintonía con sus sentidos puede hacerlos intuitivos. Los empáticos necesitan aprender a escuchar, comprender e interpretar lo que sus instintos, sentimientos y sentidos les están diciendo. Para hacerlo, los empáticos necesitan ser muy conscientes de cómo sus cuerpos responden en diferentes situaciones. Su intuición les dirá si su energía ha aumentado o disminuido cuando están en ciertas situaciones o alrededor de ciertas personas. Con la práctica, esto se vuelve más fácil y rápido. Al principio, un empático tendrá que hacer un esfuerzo consciente para ser consciente de esta intuición o sentimiento. Luego es importante seguir este instinto y mantenerse cerca de personas que aumenten su energía y limitar el tiempo que pasan con personas que disminuyan su energía. A veces la intuición puede manifestarse en forma de sueños, ideas y pensamientos. La intuición proporcionará señales y orientación pero no una explicación. Expresar gratitud también ayuda a un empático a permanecer en el momento. Expresar gratitud de forma regular también aumentará la energía positiva a tu alrededor.

Guía Espiritual

Tener una conexión espiritual brinda una oportunidad para que los empáticos experimenten apoyo, comprensión y amor incondicional. Esta conexión espiritual puede tomar cualquier forma que sea adecuada y cómoda para el empático. Para algunos son los ángeles guardianes, para otros es la oración. Desarrollar esta conexión proporcionará sanación y claridad. Esta conexión incluso puede tener lugar durante meditaciones.

Respirando

La respiración consciente está muy relacionada con la meditación. Básicamente consiste en ser consciente de tu respiración. Puedes usar esto para inhalar energía positiva y exhalar energía negativa. Sentirás la diferencia en tu ritmo cardíaco y te sentirás más tranquilo. Esto se puede practicar a lo largo del día y cada vez que sientas que estás en una situación estresante.

Un tiempo fuera

Este aspecto ha sido abordado anteriormente en el libro. Es esencial para los empáticos y se debe hacer un esfuerzo deliberado para tomarse un tiempo. Estas pequeñas pausas de tiempo a solas ayudarán a desestresarse emocionalmente. Un descanso puede ser tan largo como quieras. Puede ser un fin de semana entero fuera o simplemente una caminata rápida en solitario.

Algunos consejos sobre cómo mantenerse centrado.

Los empáticos son más afectados por influencias negativas que los no empáticos. Establecer límites y mantenerse firmes en ellos es vital para tu salud emocional. Está bien decir "No" a alguien si sientes que te están pidiendo demasiado. Está bien poner distancia entre tú y cualquier cosa que te baje la energía. Los empáticos necesitan hacer lo que sea necesario para mantener su paz mental. Esto puede significar limitar el contacto con cualquier cosa negativa, incluso ver las noticias o programas horribles y violentos.

Si sabes que estarás expuesto a grupos grandes de personas o multitudes y no puedes evitarlos, planifica estrategias de salida como ir a tu automóvil o tener otro medio de transporte. Establece un límite para el tiempo que pasarás allí. Esto debería basarse en tus niveles de comodidad. Ayuda el comer una comida alta en proteínas antes del tiempo. Esto te mantendrá centrado. También puedes mantenerte más cerca del perímetro o áreas más tranquilas y evitar estar en el centro de un espacio.

Trata de no comer para adormecer lo que estás sintiendo. Cuando sientas la tentación, practica una rápida meditación y ten precaución. También ayuda tener algo cerca del refrigerador para recordarte en caso de que te encuentres inadvertidamente en tu refrigerador listo para darte un gusto.

No siempre puedes sacudirte y evitar las emociones. A veces necesitan ser abordadas. Los empáticos pueden aprender a gestionar sus emociones reconociéndolas y profundizando en las causas y asociaciones con ellas. Ten conversaciones honestas y realistas contigo mismo para poner estos pensamientos y sentimientos en perspectiva. Darse cuenta de dónde provienen puede permitirte reconocerlos como sentimientos verdaderos, o tal vez haya otra forma de verlo y minimizar tu estrés.

Desarrolla una rutina de limpieza y despeje de tus espacios. Presta atención especial a tus espacios en casa y en el trabajo, donde pasarás la mayor parte de tu tiempo. Las personas recurren a aerosoles, aceites, incienso, salvia y feng shui para limpiar los campos de energía que los rodean. Esta rutina debe incluir yoga y otras formas de ejercicio también.

Es importante aprender a reconocer cuáles son tus necesidades. Los empáticos suelen ser muy sensibles, por lo que necesitan ser conscientes de los entornos que pueden resultar agotadores. Deben ser conscientes de los entornos donde se sienten refrescados y rejuvenecidos. Dominar el equilibrio entre los dos permitirá a un empático funcionar en su mejor momento. Los empáticos necesitan honrar lo que necesitan, ya sea tiempo para la contemplación o la curación.

Ayuda relacionarse con personas que son conscientes y sensibles a las necesidades de un empático. Pueden ser un sistema de apoyo y ayudar a implementar y recordarte las técnicas o medios que tienes a tu disposición cuando sea necesario.

Cuidarte de esta manera te ayudará a estar mejor para tus amigos y familiares y ser una fuente de alegría, consuelo y sanación para ellos.

Consejos para renunciar a la energía tóxica

Ser un empático puede ser difícil al principio. Incluso si practicamos regímenes proactivos para evitar absorber energía tóxica, aún puede suceder. Hay cosas que un empático puede hacer si esto ocurre.

Aquí tienes algunos consejos:

Lo primero que debes hacer es evaluar si lo que estás sintiendo realmente te pertenece, o si simplemente has absorbido las emociones de otra persona. Necesitas preguntarte si la ansiedad o la angustia son tuyas o de otra persona. Escuchar a tu intuición es la clave para determinar esto. Si estas emociones te pertenecen, necesitas investigarlas más a fondo. Trata de entender la causa, habla con un amigo de confianza o busca consejería si es necesario. Si estas emociones no te pertenecen, necesitas averiguar de quién vienen. De nuevo, necesitas afinar y escuchar a tu intuición.

Una vez que hayas podido hacer esto, necesitas encontrar una forma de retirarte educadamente de la fuente. Una vez que puedas alejarte unos veinte pies, asegúrate de ver si comienzas a sentirte diferente. En momentos como estos, queremos ser educados y no ofender a las personas. Es importante ponerse a uno mismo en primer lugar. No dudes en cambiar de asiento si es necesario. Con el tiempo, desarrollarás formas de hacerlo fácilmente.

Para tomar conciencia de lo que nuestros cuerpos nos están diciendo, necesitamos tomar nota en esas situaciones donde sentimos malestar. Para la mayoría de los empáticos, suele ser su estómago o intestino. Para otros, puede manifestarse en forma de dolores de cabeza, gargantas irritadas e infecciones. Los empáticos necesitan escanear sus cuerpos para ver cuál es su punto o puntos vulnerables. Cuando notes este síntoma, lo primero que puedes hacer es colocar tu mano en la zona afectada y visualizar calma y comodidad en esa área. Esta técnica, cuando se practica a diario, puede fortalecer la zona. Esta técnica proporcionará calma y relajación.

Lo siguiente que un empático puede hacer para eliminar la energía tóxica es recordar usar su respiración. Concéntrate en tu respiración durante unos minutos. Esto te ayudará a centrarte, aterrizar y reconectarte con tu sentido de paz.

Meditaciones rápidas y rápidas que a veces se

conocen como meditaciones guerrilla pueden ser ejecutadas a continuación. Esto combate los síntomas emocionales y físicos negativos muy rápidamente, de hecho, en cuestión de minutos, se puede lograr un sentido de alivio. Estas meditaciones se pueden hacer en cualquier lugar. Se pueden hacer en fiestas, conferencias, trabajo, o incluso en casa. Solo necesitas encontrar un espacio tranquilo como un baño y meditar allí. El primer paso es calmarte atentamente y luego enfocarte en el amor y la positividad.

La visualización a menudo ayuda a los empáticos. La seguridad que proviene de ella podría ser solo psicológica, pero potencia y da fuerza a los empáticos. Tus pensamientos se harán realidad. Puedes imaginarte rodeado por una luz protectora blanca o un poderoso jaguar cuidándote. En momentos de vulnerabilidad, los empáticos deben usar todos los medios posibles para protegerse. Los espacios entre las vértebras contribuyen a reducir el dolor en el cuerpo. Visualizar el dolor fuera de estas áreas puede proporcionar alivio. Esto se hace con pensamientos conscientes dirigidos a esas áreas.

El agua es un limpiador natural. Tomar un baño o una ducha es muy refrescante y relajante. Es una forma rápida e instantánea de disolver el estrés, la ansiedad y las toxinas acumuladas. Presta atención a cómo te sientes justo después de haber tomado un baño o una ducha. No solo eliminan la suciedad física y la mugre, sino también las emocionales y psicológicas.

Es importante para un empático seguir practicando las estrategias anteriores regularmente. Esto te ayudará a crear un espacio donde puedas ser nutrido y restaurado, así como responder más rápidamente cuando te encuentres en un espacio negativo. Los empáticos no tienen que cargar con las cargas del mundo; están destinados a prosperar, florecer y difundir alegría y esperanza en el mundo. Para lograr esto, primero debes cuidarte y protegerte.

Capítulo Ocho: Meditación

No siempre es posible bloquear o alejar las energías o emociones negativas, por lo que ayuda armarse con algunas técnicas para proteger tu propio campo energético. Esto te ayudará a tener control sobre lo que te afecta. La mejor y más efectiva manera de hacer esto es a través de la meditación.

Encontrar paz interior y felicidad, menos ansiedad, más positividad y alegría se pueden encontrar a través de la capacidad de controlar tu mente y tus pensamientos. Aprender a controlar la mente es un requisito previo para que los empáticos tengan una vida feliz. La manera en que te sientes acerca de algo comienza con los pensamientos que tienes. Para sentirte feliz y conectado necesitas comenzar con esos pensamientos. Por lo tanto, los pensamientos desencadenan pensamientos positivos o negativos. Los pensamientos pueden impedir que tengas un buen sueño; se apoderan cuando haces algo trivial como conducir y pueden distraerte de vivir plenamente en el momento. Ser capaz de tranquilizar la mente es lo más empoderador para un empático. Aprender a controlar tus pensamientos llevará tiempo, pero vale la pena el esfuerzo. Puedes lograr esto mediante la meditación. La meditación significa que los empáticos pueden tener un mejor control sobre los pensamientos que activan emociones negativas. La meditación te coloca en un lugar de equilibrio. Cuando eres capaz de dejar ir la resistencia y la ansiedad, abres paso para que la paz interior y la claridad entren. Las meditaciones te permiten crear el punto de partida más beneficioso para ti cada día.

Beneficios médicos

Hay muchos beneficios, además de los específicos para los empáticos, que beneficiarán a alguien que medita. La meditación también mejorará su función inmune y mejorará su salud física. La meditación reduce los niveles de estrés, la ansiedad y mejora la calidad de tu respiración. Cuando aprendemos los beneficios de la meditación, veremos que se convierte en un medio para lidiar con una variedad de trastornos físicos y desafíos cognitivos sin necesidad de tomar medicamentos. Los beneficios emocionales y para la salud se basan en evidencia científica que se puede encontrar en todas partes si uno se molesta en buscar.

La meditación, cuando se realiza en la

oscuridad, es más beneficiosa. La oscuridad ayuda a mantener la glándula pineal en buen estado, lo que luego afecta positivamente la producción de melatonina. La melatonina es producida por la glándula pineal cuando estamos en la oscuridad, y es considerada la hormona antienvejecimiento que el cuerpo produce naturalmente. Así que sí, la meditación ayudará en el antienvejecimiento, la reducción del estrés y te ayudará a dormir mejor. Se cree que aquellos que sufren de insomnio o tienen dificultades leves para dormir tienen deficiencia de melatonina. La melatonina no solo ayuda a regular el sueño, es un antioxidante, antiinflamatorio y previene y trata muchas enfermedades, incluido el cáncer. Es bien sabido que el sistema inmunológico realiza la mayor parte de su trabajo durante la noche y se cree que está relacionado con la producción de melatonina. Necesitamos pasar más tiempo en la oscuridad para producir melatonina. Sin embargo, la vida moderna no siempre permite esto. Tenemos luces de la calle y cortinas transparentes que dejan entrar la luz en nuestros dormitorios. Esto reduce la producción de melatonina y afecta el sueño de una persona. Meditar antes de dormir en completa oscuridad ayudará en la producción de melatonina. Esto, junto con la capacidad de la meditación para estimular la glándula pineal, es prueba de los numerosos beneficios de meditar.

Los Fundamentos

La paz mental y el control de los pensamientos no son los únicos beneficios de la meditación. Uno tiene que dedicar tiempo todos los días para practicar la meditación. Requiere compromiso y dedicación. Uno debería comenzar con unos pocos minutos cada día e ir aumentando gradualmente. No es necesario meditar durante horas para cosechar los beneficios. Es importante elegir un espacio donde no haya distracciones. Esto es más difícil de lograr en un hogar con niños pequeños, pero con un poco de negociación, se puede lograr. Para ignorar el ruido externo, se puede poner música suave y relajante para meditar. También hay una multitud de meditaciones guiadas que se pueden comprar y escuchar. Es importante tener una rutina regular antes de poder cosechar las recompensas.

Liberación Efectiva

La meditación es una práctica excepcionalmente valiosa para revertir el pensamiento negativo que conduce a la acumulación de estrés y ansiedad. Una rápida búsqueda en Google te llevará a una gran cantidad de estudios que muestran los efectos beneficiosos de la meditación. En un estudio de meditación de 2009, investigadores de la UCLA encontraron que partes del cerebro que regulan la emoción eran considerablemente más grandes en practicantes de meditación a largo plazo que en aquellos que no practican la meditación. Se documentaron imágenes de resonancia magnética de alta resolución (MRI) que midieron el tamaño de áreas en el cerebro como el hipocampo, el tálamo y el giro temporal inferior. Los investigadores observaron que las personas que meditan de manera consistente pueden desarrollar emociones positivas, mantener la estabilidad emocional y participar en actividades conscientes. Los participantes de este estudio meditaban en promedio entre diez y una hora y media cada día.

Tipos de Meditación

Hay muchos tipos de meditación para adaptarse a cada tipo de empático. Estos van desde la visualización, el canto, el trabajo de respiración y el trance. La meditación no tiene que ser en interiores. Puedes meditar mientras caminas centrando tu conciencia en las cosas que te rodean. Esto podría ser como sientes tus pies en el césped, o cómo se siente la luz del sol en tu piel. Algunos de los tipos más comunes se describen a continuación:

Meditación Mettā

El objetivo de este tipo es desarrollar una perspectiva de amor y bondad incluso hacia la negatividad y los desencadenantes de estrés. Es una meditación muy útil para los empáticos que se encuentran con personas que absorben energía en el trabajo o en reuniones familiares. Durante la meditación, los practicantes envían amor y bondad a personas específicas, sus familias, amigos y al mundo en general. Con una práctica regular continua, será más fácil para un empático incorporar la perspectiva de amor y bondad en un hábito. Una perspectiva de amor y bondad promueve la compasión hacia uno mismo y hacia los demás, y es especialmente útil para eliminar sentimientos de ira, frustración y resentimiento, al mismo tiempo que promueve emociones positivas.

Escaner corporal o relajación progresiva

Esta es una buena meditación para empáticos que intentan aprender lo que sus cuerpos les están diciendo. Ayuda a los empáticos a descubrir dónde están sus puntos vulnerables, y ayudará a reducir los efectos de la negatividad y la sobrecarga a largo plazo. Durante este tipo de meditación, los practicantes deben escanear sus cuerpos para identificar áreas de tensión. Una vez que se identifica la tensión, a través de enfoque e intención, la tensión se libera primero de una zona y luego de la siguiente. Se puede comenzar el escaneo desde los pies hacia arriba o desde la cabeza hacia abajo. Es importante prestar atención a cada parte del cuerpo. Los efectos de la relajación progresiva fomentan la relajación y los sentimientos de paz. Ayuda a los empáticos a llegar a un lugar de equilibrio. También puede ser útil para ayudar a aquellos que sufren de dolor crónico a afrontarlo de manera más eficaz y a dormir mejor.

Meditación de atención plena

Una de las promps de meditación de atención plena más comunes insta a los meditadores a permanecer presentes, conscientes y en el momento. Uno tiene que evitar pensar en el pasado o el futuro. Esto es difícil de lograr, pero con perseverancia viene el éxito. Uno tiene que tomar nota de su entorno. Esto incluye tomar nota de las vistas, sonidos y olores sin agregar ningún juicio. Una de las razones por las cuales la atención plena es tan popular es que se puede practicar en cualquier lugar y en cualquier momento: en la fila del banco, en el jardín, caminando y mientras se espera a que hierva el agua. Este tipo de meditación es útil para los empáticos porque es muy versátil. Se ha invertido más investigación científica en los beneficios de la meditación de atención plena porque se practica ampliamente. Los beneficios incluyen reducir el impacto de pensamientos negativos, mejorar el enfoque y la concentración, y reducir las reacciones emocionales a las personas y situaciones. Todo lo que un empático necesita para superar.

Meditación de Conciencia Respiratoria

Esta es una subcategoría de la práctica de meditación de atención plena que se enfoca en la respiración consciente. Los meditadores pueden contar respiraciones profundas y lentas, o simplemente prestar atención a la inhalación y exhalación de cada respiración. Todos los demás pensamientos son callados al ignorarlos o indicarle al cerebro que se enfoque de nuevo. Este tipo de meditación es particularmente útil para reducir la ansiedad y, por lo tanto, es beneficioso para los empáticos. También es una meditación que se puede practicar en cualquier lugar, por lo que es útil cuando uno nota que se activa un desencadenante.

Yoga Kundalini

El yoga Kundalini es una forma de meditación que combina armoniosamente movimiento con incantaciones y respiración profunda. Por lo general, los practicantes asisten a una clase guiada por un maestro. Otra opción popular es seguir un video o DVD. Los beneficios incluyen mejor fuerza física y una mejor salud mental positiva. Estos son aspectos que los empáticos necesitan fortalecer y agregar a su arsenal de protección.

Meditación Zen

Una meditación Zen, o Zazen como también se le conoce, es un tipo de meditación que pertenece a la práctica budista. Al igual que el yoga Kundalini, esta práctica se compone de pasos específicos y posturas dedicadas. Una vez en una posición cómoda, el practicante presta atención a la respiración y observa los pensamientos sin juzgar el patrón de pensamiento. Si uno tiene dificultades para eliminar los pensamientos, esta puede ser una buena meditación para comenzar. Para aquellos empáticos que son más físicos y necesitan moverse, esto también ayudará a que la meditación sea más relajante.

Meditación Trascendental

Para los empáticos que buscan una forma de meditación espiritual más devota, la meditación trascendental es una opción popular. Los meditadores están sentados cómodamente y respiran de forma lenta y pausada. Los meditadores pueden concentrarse en un mantra que ya ha sido determinado por un maestro, o elegir uno propio, como una afirmación positiva. Esta es una meditación poderosa no solo para liberarse de energías tóxicas y negativas, sino también para fortalecer las habilidades empáticas de uno.

Es importante encontrar lo que funciona para ti. Es imperativo ser amable, paciente y amoroso contigo mismo en lugar de criticarte por no hacerlo bien. El autocuidado y el amor propio son vitales para que los empáticos prosperen. Sabrás que estás en el camino correcto cuando comiences a sentir los increíbles beneficios que una mente tranquila y relajada traerá a tu vida, y cuando puedas comenzar a usar tus habilidades para beneficiar a las vidas que te rodean.

Si la meditación es una práctica completamente desconocida para ti, aquí tienes algunos consejos para convertirte en un experto en ello.

Consejos para una meditación exitosa:

Elige un lugar cómodo y tranquilo para sentarte o acostarte.

No debe haber nada que te distraiga de tu estado meditativo. Todos los teléfonos deben estar apagados. La familia debe ser informada de que este es tu tiempo y que no te pueden molestar. Usar auriculares ayudará a bloquear el ruido de fondo.

Meditar es mejor con los ojos cerrados. Si no puedes lograr esto, apaga las luces, o si estás meditando durante el día, usa antifaces para los ojos.

Comienza despacio y fácil con solo unos pocos minutos y aumenta lentamente la duración a medida que te vuelvas experto en la meditación.

Empieza por contar hacia atrás desde 10 y repite esto hasta que te sientas relajado.

No te juzgues a ti mismo ni te molestes si empiezan a entrar pensamientos en tu mente. Descártalos suavemente y vuelve a enfocarte. Esto puede suceder muchas veces, así que prepárate para eso. Es completamente natural al principio. Todos experimentan esto; mejorará con el tiempo y la práctica.

Escuchar música suave y relajante durante la meditación ayuda a concentrarse. Hay que prestar atención a las notas de la música. Los pensamientos se filtrarán, son persistentes. Sin crítica, empújalos suavemente a un lado y recuérdate a ti mismo que te enfoques de nuevo.

Otro consejo muy útil a menudo utilizado en meditaciones es colocar deliberadamente la conciencia en cada parte del cuerpo. Ve y siente la luz entrando en el cerebro y moviéndose hacia abajo desde la cabeza hasta la cara, el cuello y los hombros, y progresando lentamente a través del cuerpo hasta llegar a los pies. Esto puede no ser una técnica cronometrada, pero es mucho más fácil de enfocarse en ella y hay menos posibilidades de que pensamientos intrusivos entren en tu mente.

Si la meditación no resuena completamente contigo, puedes probar prácticas de atención plena que se adapten a tu personalidad y estilo de vida:

Atención plena

Esta es una práctica en la que intentas mantenerte en el momento y estar consciente de dónde estás y tu experiencia. Se necesita un objeto para anclar su experiencia. La elección más común es la respiración, pero también podría ser un sonido, un objeto visual o físico que ayude a fomentar la fuerza mental.

Yoga

Para aquellos que luchan por permanecer quietos y concentrarse, el yoga puede ser la respuesta. El yoga es la combinación de movimiento con conciencia; reconecta el cuerpo, la mente y el espíritu.

Respirando desde el abdomen

Respirar te conecta con la tierra y ayuda a aliviar los síntomas de estrés y ansiedad. La gente suele respirar de forma superficial y bastante rápida. Uno tiene que aprender a frenar este proceso y respirar desde los pulmones en lugar del pecho. Al hacer esto, notarás que tu estómago se hincha al inhalar y se desinfla al exhalar. Inicialmente, uno podría sentirse mareado, si esto sucede, detente hasta que te sientas normal de nuevo antes de continuar. Este tipo de respiración se debe hacer durante unos minutos cada vez para liberar sensaciones de tensión, estrés y ansiedad.

Respirando por las fosas nasales

Otra buena técnica es respirar por las fosas nasales alternativas. Es importante estar en una posición cómoda, sentado erguido, y mantener los ojos cerrados. El pulgar derecho se posiciona en la fosa nasal derecha, y el dedo anular derecho permanecerá sobre la fosa nasal izquierda. Cuando se cierra la fosa nasal derecha, se debe inhalar por la izquierda durante tres segundos. Después, cierre la fosa nasal izquierda y respire por la fosa nasal derecha durante tres segundos. Este proceso debe repetirse unas veinte veces. No se alarme si al principio se siente un poco mareado. Si esto sucede, deténgase, respire normalmente y cuando pase, puede reanudar.

Muchas personas han pospuesto la meditación porque creen que es difícil de lograr. Estar quieto es una cosa, pero intentar detener un pensamiento de saltar a otro es algo diferente. Como todas las cosas buenas de la vida, requiere esfuerzo y no sucederá de la noche a la mañana. Puede ser complicado al principio, pero es alcanzable. Al igual que cualquier otra habilidad, requiere compromiso y práctica. Comience con unos minutos y lentamente aumente lo que le convenga. Al elogiar esto regularmente, aumentará su capacidad para meditar con facilidad. Una vez que haya logrado la capacidad de meditar con éxito y comience a cosechar las recompensas, no hay vuelta atrás. No solo logrará una visión más clara, sino que también manejará mejor las situaciones estresantes.

Tranquilizar la mente es una habilidad que requiere mantener los pensamientos fuera de tu conciencia y enfoque. Los empáticos que son nuevos en la meditación y que luchan al principio deben darse cuenta de que a menudo fallarán en los intentos iniciales, pero no deben darse por vencidos en la frustración. Como principiante, uno necesita reconocer que puede que no pueda calmar su mente durante veinte minutos en el primer intento. Puede llevar semanas, meses o incluso más tiempo tener éxito en esto. Los empáticos tienen que entrenar sus cerebros para hacer lo que nunca han hecho antes, que es mantener los pensamientos y sentimientos fuera. No importa lo frustrante que sea el primer día, mantente comprometido con unos minutos cada día. La fuerza y el alivio que los empáticos pueden lograr con esta técnica son abundantes. Es un método que seguirá recompensándote de muchas maneras.

Capítulo Nueve: Ayuda al Mundo

Los empáticos han tenido éxito y han causado un impacto en el mundo de hoy al abrazar sus cualidades únicas. Su capacidad de identificar y ponerse en el lugar de otra persona ha permitido a los empáticos de todo el mundo, a lo largo de la historia, causar un impacto social e inspirar a otros.

Empatías en la política

Barack Obama ha pronunciado numerosos discursos haciendo referencia al "déficit de empatía" como el mayor problema de la sociedad actual. Él cree que al desarrollar una cultura de empatía, podemos resolver muchos de los problemas que enfrentamos hoy en día en todo el mundo. Predica la comprensión y empatía en lugar de odio y división. Una de sus frases famosas es: "Aprender a ponerse en los zapatos de otra persona, ver a través de sus ojos, así es como comienza la paz. Y depende de ti hacer que eso suceda."

Allá por 1971, C.P. Ellis demostró su habilidad empática. Se encontró en una posición destacada en el Ku Klux Klan. Inicialmente se unió, siguiendo los pasos de su padre, porque creía que todas las personas negras eran la causa de la pobreza que su familia estaba enfrentando. Formó parte de un foro comunitario para resolver tensiones raciales en las escuelas. Encabezó este foro con una mujer a la que odiaba. Ella era una activista negra llamada Ann Atwater. Sin embargo, esto le proporcionó una plataforma para identificarse con sus necesidades y darse cuenta de que estaban luchando por la misma causa y que estaba culpando a las personas negras en lugar de los verdaderos culpables que eran los capitalistas y políticos blancos. Más tarde se convirtió en un defensor de los derechos civiles y él y Ann siguieron siendo amigos. Denunció públicamente su membresía en el Ku Klux Klan y pudo asumir la responsabilidad de sus elecciones luchando por los derechos de todas las personas, incluidas las personas negras en Estados Unidos, a través de su capacidad de empatizar.

No podemos mencionar la política y los empáticos sin mencionar al famoso Mahatma Gandhi. En su cruzada por la independencia de la India del dominio británico, decidió someterse a una inmersión empática. Creía que no podía luchar verdaderamente por los derechos de las personas hasta que las comprendiera completamente. Cambió su traje de abogado por un taparrabos. Vivió la vida de los campesinos de la India desde 1917 hasta 1930. Abrazó todos los aspectos de sus vidas, incluso los trabajos que muchos consideraban 'intocables', como limpiar letrinas. Penetró profundamente en las divisiones raciales de la India y pronunció palabras que aún son relevantes hoy: "¡Soy musulmán! Y hindú y cristiano y judío—y también lo son todos ustedes." Esta es una afirmación que encarna todo lo que significa ser empático.

Actores empáticos

Los actores efectivos necesitan abrazar por completo los roles que asumen. Para ello, tienen que encontrar formas de identificar y comprender profundamente a sus personajes. Muchos actores dedicados han pasado por una inmersión en empatía para comprender por completo a los personajes que pretenden interpretar. Hillary Swank ganó un Oscar por su papel como un hombre transgénero, Brandon Teena. Sus amigos varones lo violaron cuando descubrieron que tenía genitales femeninos. Hillary Swank también realizó una inmersión en empatía para la preparación de este papel cortándose el pelo y vistiendo la ropa de su esposo durante un mes. De esta manera, se identificó con las personas que atraviesan una crisis de identidad sexual y con el acoso que enfrentan. A través de su papel, concientizó y trató de fomentar la comprensión y empatía hacia las personas gay, lesbianas y transgénero.

Charlize Theron subió de peso para sus roles como una madre de tres hijos con exceso de trabajo y como una asesina en serie. Lo hizo para poder sentir completamente cómo era la vida de estos personajes. Esta capacidad de abrazar una empatía inmersiva la hace exitosa en la actuación y aumenta la empatía en la audiencia.

Empatía a través de los autores

George Orwell se sumergió en una experiencia empática para descubrir cómo era realmente la vida para las personas trabajadoras de clase obrera. Vivió como un mendigo en las calles de Londres como un medio para entender a las personas oprimidas. Creó conciencia a través de su libro 'Down and Out in Paris and London' y continuó destacando a las comunidades marginadas.

Harriet Beecher Stowe luchó contra la esclavitud en 1852 a través de su libro titulado 'La cabaña del tío Tom'. Destacó los horrores que sufrían los esclavos, lo que finalmente llevó a rebeliones y la Guerra Civil Americana.

Activistas sociales

En 1206, Giovanni Bernadone, mejor conocido como San Francisco de Asís, se identificó con los pobres al ser mendigo por un día. Esta experiencia lo llevó a servir a los pobres y leprosos en Roma.

Muchos años después, en 1959, un hombre blanco nacido en Texas decidió ver cómo era la vida como una persona negra viviendo en América tiñendo su piel de negro. Escribió un libro para describir sus experiencias llamado 'Black Like Me'. En su libro, explicó cómo las personas necesitan usar empatía para cambiar sus prejuicios y estereotipos y tratar mejor a los demás. Su mensaje en su libro dice: "Si tan solo pudiéramos ponernos en los zapatos de los demás para ver cómo reaccionaríamos, entonces podríamos ser conscientes de las injusticias de la discriminación y la trágica inhumanidad de todo tipo de prejuicio".

Conclusion

Esperamos que al leer este libro hayas obtenido perspicacia y comprensión de lo que es ser un empático. Esperamos que esta comprensión traiga paz, aceptación y claridad a tu vida. Esperamos que las herramientas, técnicas y formas proporcionadas ayuden a los empáticos a lidiar con el mundo. Puede ser un viaje difícil de descubrimiento para un empático, pero habrá mucho por lo que estar agradecido. Utilizando las fortalezas de un empático como la intuición, la compasión, la profundidad y la conexión con las personas y el entorno, un empático tiene la capacidad de ayudar a los demás. En un mundo que carece de compasión y amabilidad, los empáticos son más necesarios que nunca. Los empáticos de todo el mundo y a lo largo de diferentes épocas han contribuido a la defensa de la justicia social, causas, o a aumentar la conciencia sobre la difícil situación de los demás de alguna manera. Los empáticos empoderados son lo que el mundo necesita ahora.

Hay mucho por lo que un empático puede estar agradecido. Los empáticos pueden experimentar las mayores alegrías y pasiones, están sincronizados con la belleza y energía del mundo, pueden mostrar compasión, conciencia y gran profundidad. Estos dones deben brillar en el mundo, iluminándolo y trayendo sanación para todos. Para que esto ocurra, los empáticos deben escuchar su intuición, instintos y sentimientos. Deben fortalecer su habilidad para mantenerse centrados cuando están rodeados de caos y negatividad. Los empáticos deben abrazar quiénes son y aceptar sus sensibilidades. Cuando esto sucede, pueden mejorar la vida de las personas que los rodean. Si los empáticos no aprenden a lidiar con y reconocer la sensación de estar abrumados o estresados, puede llevar a depresión, ataques de pánico, adicción, alimentación, medicación e aislamiento.

Las estrategias de establecer límites, limitar el tiempo y técnicas de protección pueden ayudar a los empáticos a navegar por un mar de energías negativas. Junto con la meditación, el tiempo a solas y estar en la naturaleza, los empáticos pueden empoderarse a sí mismos y permanecer centrados y equilibrados la mayor parte del tiempo. Todas estas son estrategias que pueden ser aprendidas y dominadas con la práctica.

Cuando los empáticos están rodeados de amor y paz, florecerán y ofrecerán al mundo muchos regalos. Cuando están rodeados de negatividad, dolor y pérdida, absorberán todas esas emociones y resultarán sintiéndose exhaustos, abrumados y agotados. La sensibilidad de un empático puede llevarlos a alejarse de relaciones íntimas, pero los empáticos pueden disfrutar de las comodidades y alegrías de la intimidad y la convivencia. Al practicar regularmente las técnicas en este libro, los empáticos estarán equipados con estrategias de supervivencia y afrontamiento con las que negociar el mundo moderno.

www.ingramcontent.com/pod-product-compliance
Lightning Source LLC
Chambersburg PA
CBHW050208130526
44590CB00043B/3283